商道

杨志勇 ● 著

台海出版社

图书在版编目（CIP）数据

商道 / 杨志勇著. -- 北京：台海出版社，2024.
8. -- ISBN 978-7-5168-3968-3

Ⅰ.F715

中国国家版本馆CIP数据核字第2024DK2744号

商道

著　　者：杨志勇

责任编辑：姚红梅　　　　　　封面设计：李东杰

出版发行：台海出版社
地　　址：北京市东城区景山东街20号　邮政编码：100009
电　　话：010-64041652（发行，邮购）
传　　真：010-84045799（总编室）
网　　址：www.taimeng.org.cn/thcbs/default.htm
E-mail：thcbs@126.com

经　　销：全国各地新华书店
印　　刷：三河市燕春印务有限公司
本书如有破损、缺页、装订错误，请与本社联系调换

开　　本：710毫米×1000毫米　1/16
字　　数：123千字　　　　　　　印　张：12
版　　次：2024年8月第1版　　　印　次：2024年8月第1次印刷
书　　号：ISBN 978-7-5168-3968-3

定　　价：59.00元

版权所有　　翻印必究

前 言

"大海航行靠舵手",在商业世界这片无垠的海洋里,每一位企业家都扮演着勇敢的航海家这一角色。他们驾驭着自己的企业之舟,不畏艰难险阻,勇敢地乘风破浪,坚定地向着商业目标前进。然而,商业航道并非总是平静的,它充满了难以预测的风险和挑战,每一步都可能遭遇未知的风浪。

在这片看似没有波涛,实则充满危机的汪洋商海中,只有那些真正理解经营之道、能够敏锐地捕捉市场机遇并且勇于创新变革的企业家,才能在激烈的竞争中立于不败之地。这不仅要求他们具备前瞻性的眼光,洞察市场微妙变化的能力,还要有足够的勇气和智慧,引领企业顺应时代潮流,不断创新,不断适应市场的变化,从而航向成功的彼岸。

这些企业家,就像是经验丰富的船长,他们知道如何在风起云涌时调整帆篷;如何在逆风时采取相应的策略。他们的智慧和勇气,是企业能否在竞争激烈的商海中生存和发展的关键。

本书旨在深入挖掘和分析商业巨擘在其领域内取得重大成功的关键因素。我们希望通过这本书，能够向读者展示那些在激烈的商业竞争中，如同熟练的航海者在汹涌的大海中驾驭波涛，勇往直前脱颖而出的企业家所具备的共同特质和宝贵智慧。

同时，通过对具体案例的分析，我们不仅能够一窥成功企业家在经营哲学上的独到见解，制定战略布局时的精妙思考，还能学习他们在面对风险时如何进行有效的管理和决策。

本书不仅为企业家和管理者总结了一系列宝贵的商业策略和管理智慧，也为那些渴望在商业世界中取得成功的创业者提供了启示。通过深入的案例分析和理论探讨，读者将获得一种全新的视角，更好地理解商业的本质和成功的关键。

在商业的航道上，没有永远的一帆风顺，但也没有克服不了的风浪。本书作为企业家的指南针，可以帮助他们在变幻莫测的商业环境中，引领企业的航向。让我们一起探索商业成功的奥秘，书写属于自己的商业传奇。

杨志勇

目 录

第一章 有舍有得，成大事者懂得取舍

舍旧谋新，方能险中求胜 002
人弃我取，发现盈利之道 008
有时，退出也是智慧 011
敢于吃亏，才能占大便宜 014
顺应商业周期，不逆天而行 018

第二章 创新求变，随机应变才有进步

敢做第一个吃螃蟹的人 025
人无我有，人有我优 029
要勇于开辟新道路 033
顺势而为，借势而上，乘势而动 037
将"拿来主义"变成"我的主意" 041

第三章　诚实守信，守住底线才能长久

善人者，人亦善之；爱人者，人亦爱之 …………… 046
能力越大，责任越大 …………………………………… 050
不忘初心，才能走得更长更远 ………………………… 054
儒商的核心价值观——以人为本、以和为贵 ……… 058

第四章　质量第一，百年基业的长青秘诀

以德为根，以质为本 …………………………………… 065
对细节的极致追求，才是企业不断发展的源动力 … 067
不要轻视小事，小事是"大业"的基础 ……………… 071
独特的阿米巴经营理念 ………………………………… 073
企业长青，格局做大，关注社会 ……………………… 080

第五章　合作共赢，跳出圈子拓展生意边界

抓住机遇，与时代同行 ………………………………… 084
不要在一棵树上吊死，发展多元化策略 ……………… 090
强强联手，1+1＞2 …………………………………… 095
利用金融工具，成倍扩大战果 ………………………… 097

第六章　敢作敢为，看准机会果断出手

不要放过任何一个小机会 …………………………… 101

敢于冒险，才有机会获得成功 ……………………… 105

远大梦想不可笑，愿景驱动 ………………………… 109

在兴趣点上发力，减少摩擦 ………………………… 113

长期视角，潜力才是王道 …………………………… 117

第七章　稳中求胜，一生只做好一个行业

不盲目跟风，选准自己的赛道 ……………………… 123

规模效应，将你的优势放大无数倍 ………………… 127

飞轮效应，日积月累的优势积累 …………………… 131

网络效应，让用户自发地在你生态圈里安家 ……… 135

第八章　抑奢从俭，勤俭是致富的根本

降本增效，优化才是硬道理 ………………………… 141

"重复发明轮子"是资源无效的浪费 ………………… 145

勤奋是一种企业家精神 ……………………………… 149

绿色环保，是未来商业的基本盘 …………………… 154

第九章 未雨绸缪，发现危机并预防危机

- 风险评估，企业最后的护城河 …………… 160
- 制订应急计划，早准备，早安心 …………… 165
- 配备监控系统，实时跟踪市场方向 …………… 170
- 客户管理，衣食父母要放心上 …………… 174
- 遵守法律，方能走得长久 …………… 178

第一章

有舍有得,成大事者懂得取舍

舍旧谋新，方能险中求胜

> 在商业世界中，要想更上一层楼，就不能躺在过去的功劳簿上。只有一直寻找机会，才能不断自我迭代，超越自我。
>
> 在面对困难的时候，不要害怕竞争，要勇于在危机中寻找新的机遇。可怕的不是有多么强大的竞争对手，而是当你听到"竞争"的时候，你的心就已经死了一半。

商业世界是一个充满了机会与风险的地方。有的时候，按部就班并不能保证你能超越其他的竞争者，从而占据市场领先地位。要知道在竞争激烈的商场上，平庸所指向的方向并不是成功，反而可能是失败与被淘汰。

因此，在权衡利弊之后，很多时候还需要决策者非凡的勇气与力排众议的决心。如此才能"柳暗花明"，找到新的增长点与盈利点，从而实现商业上的突破。

一个合格的商人，在面临危机的时候，不是抱怨，而是要打开思路，寻找机会，寻找可能合作的盟友，勇于自我迭代，开辟新的航道。

我们不妨来看一下19世纪美国著名的企业家、铁路大亨科尼柳斯·范德比尔特（Cornelius Vanderbilt）的商业历程。

范德比尔特出生在一个并不富裕的家庭。他是荷兰移民的后代，童年也并没有被书本和知识包围。实际上，他接受的正规教育非常有限，据说仅在学校度过了三个月的时光。然而这并没有阻碍他展现出非凡的聪明才智和勤奋努力的精神，这些品质最终使他成了一位精明而成功的商人。

当范德比尔特刚刚步入20岁的年纪时，他就展现出了商业头脑，组建了自己的小船队。这位年轻的企业家并不仅仅满足于为其他商人运送货物，他还涉足贸易业务：他精心地将船只装满商品，从纽约出发，驶向其他港口进行销售。而在返航的旅途中同样不会空手而归，他会购买大量的鱼和农产品，然后将这些货物运回纽约进行出售。

可以说，在这个时期，范德比尔特已经取得了不小的成就，他的商业才能和勤奋努力已经得到了回报。

然而，好景不长，蒸汽船的出现，使得海上运输的效率大大提高。而随着蒸汽船的发明，范德比尔特面临了前所未有的挑战——他的小船队，全部由帆船组成，无法与这种新型的、更为先进的蒸汽船竞争。这无疑使范德比尔特陷入了困境，他的小船队面临着被淘汰的危险。

所以，要想继续下去，就必须转型。

范德比尔特在考虑放弃帆船，转向蒸汽船领域时，其实也面临着两大困难。其一，他需要考虑成本问题。与帆船相比，蒸汽船的成本非常高昂，无论制造或购买一艘蒸汽船所需的资金，都远远超出了一艘帆船的造价，这对于任何一个商人来说，都是一笔不小的投资，会给他带来巨大的经济压力。

其二，当时在特定水域运营蒸汽船的权力，是被垄断的。例如，富尔顿和利文斯顿的公司，他们在纽约州的水域上享有运营蒸汽船的垄断权。这意味着，没有他们的许可，任何蒸汽船都不能进入纽约州的水域营运。这一规定，无疑给范德比尔特的转型之路，增加了更大的阻碍。

这个时候的范德比尔特，并没有抱怨，也没有放弃，而是试图在荆棘丛中寻找机会。

在这个关键时刻，范德比尔特深知自己的力量单薄。面对两座巍峨的商业山峰，他意识到自己无法独自跨越，他的脑海中闪过了一个念头——寻找盟友。

他的目光最终落在了托马斯·吉本斯身上，一位当时在商业世界中享有盛誉的人物。吉本斯年长范德比尔特三十多岁，尽管他没有直接的经营权，但他的财富和影响力却不容小觑。他的财富源于自己庞大的种植园、精心投资的房地产和银行业务，而他对法律的精通和政治的敏锐触觉，令他在商界中游刃有余。

吉本斯主动接触范德比尔特，提出了一个合作的提议，希望范德比尔特能成为他的工作伙伴，担任一艘蒸汽船的船长。这对于范德比尔特来说，是他一生中第一次也是唯一一次为他人效力。

在吉本斯的指导下，范德比尔特不仅学习到了如何驾驭商业的风浪，更重要的是，他领悟到了大亨们如何巧妙地运用法律和政治手段，为自己的商业帝国服务。他们两人携手，采取了包括发起实质性的竞争、利用媒体发声，甚至在纠纷中诉诸法庭等多种策略，向当时蒸汽船行业的垄断权发起了挑战。

1824年，联邦最高法院的一纸判决，宣告了由州政府授予垄断权的非法性，这一决定无疑为范德比尔特和吉本斯的努力画上了圆满的句号。自此，任何人都可以在纽约水域自由运营蒸汽船业务。

另一个对蒸汽船行业有利的消息是，1825年伊利运河的开通，它像一条巨龙般将美国内陆与纽约这个繁忙的港口城市紧密相连。

范德比尔特为吉本斯工作到1829年，此后他凭借自己的智慧和勇气，成立了自己的蒸汽船航运公司，正式成了一名独立的蒸汽船企业家。

经过多年的努力，一个贫穷的荷兰移民的儿子，凭借努力、智慧与勇气，建立起了自己的航运帝国。1860年，被媒体称为"拥有国王般的权力"的范德比尔特已经66岁，这在当时已经是一个了不起的成就。然而，若是没有他晚年放弃航运而转向铁路的选择，范德比尔特在今天看来也就只是一个小商人而已，成不了也不会成为铁路大亨。

1863年，已经69岁高龄的航运巨头范德比尔特做出了一个重大的商业决策——逐步出售自己在航运业的资产，将全部精力和资金投入铁路行业。在那个时代，铁路被视为国家发展的生命线，是推动经济进步的关键因素。范德比尔特正是通过收购和建设铁路线路来扩张自己商业版图的先行者。而这一决策的高潮是他接受了哈莱姆铁路公司总裁的职位，标志着他在铁路行业的全力以赴。

当时来讲，范德比尔特的选择无非是以下几点原因：

竞争压力：随着其他竞争者的加入，航运市场变得越来越拥挤，利润空间逐渐缩小。特别是随着蒸汽船技术的普及，市场竞争变得更加激烈，范德比尔特意识到了在航运领域继续扩张的难度和风险。

技术变革：19世纪中叶，铁路技术的发展为交通运输形式带来了革命性的变化。铁路运输比航运更快、更可靠，能够提供更加稳定和高效的服务。范德比尔特洞察到这一趋势，并决定利用铁路的优势来扩大自己的商业帝国。

政策环境：当时的美国政府为铁路建设提供大量补贴和支持，这为铁路企业的发展创造了有利条件。范德比尔特看到了这一点，并通过收购和建设铁路线来获得政府的支持和优惠。

市场需求：随着美国西部的开发和人口的增长，对快速、便捷的交通方式需求日益增加。铁路作为连接东部和西部的重要交通工具，市场需求巨大。范德比尔特通过投资铁路，满足这一市场需求，从而获得更大的经济利益。

个人野心：范德比尔特是一个非常有远见和野心的商人，他总是寻求新的商机和挑战。在航运业达到一定成就后，他寻求新的领域来实现自己的商业抱负，铁路业成了他的新目标。

1863年发生的哈莱姆之战，是范德比尔特控制的纽约和哈莱姆铁路公司与他的竞争对手之间的一场权力较量。当时的哈莱姆铁路公司并不是市场上的领头羊。它面临着来自其他铁路公司的激烈竞争，特别是伊利铁路和纽约中央铁路。这两家铁路公司的市场价值分别高达2000万美元和2400万美元，而哈莱姆铁路的市场价值仅为600万美元，巨大的悬殊使其成了这场竞争中最弱小的一方。

范德比尔特利用自己的财力和影响力，通过一系列精心策划的商业操作，力图控制住连接纽约与芝加哥的关键铁路线。他的目标十分明确，那就是通过控制这些铁路线来巩固自己在美国铁路运输业中的核心地位。

在这场激烈的商业战役中，范德比尔特不仅采用了商业策略，还利用了自己的政治影响力。为了维持铁路业的健康发展，他不惜与那些做空哈莱姆铁路公司的投机者较量。他的策略非常简单，把能买到的哈莱姆铁路公司的股票全都买到手。最后市场上不会再有这家公司的股票。这样，等到卖空者必须要偿还自己做空时借入的股票时，就会发现市场上根本买不到这家公司的股票。唯一可能的卖家，就是范德比尔特。到最后，卖空者要想还上股票，就只能从范德比尔特那里获得。

最终，范德比尔特在这场哈莱姆之战中取得了胜利，成功地扩大了自己的商业版图，并且进一步巩固了他在美国运输业中的领导地位。这场战役不仅是范德比尔特个人事业的一个转折点，也对美国铁路历史乃至整个美国国家的工业化进程产生了深远的影响。

人弃我取，发现盈利之道

> 深入了解市场供需关系，根据季节变化和市场动态调整经营策略，是实现商业成功的关键。
>
> 通过逆向思维和对交易时机的精准把握，投资者可以在市场低迷时发现价值，在市场繁荣时实现利润。这种理念不仅适用于商品交易，也适用于股票、债券、房地产等各类资产的投资。

聪明的商人往往能够在平常人意识不到的地方发现商机，正所谓"见微知著"。实际上，商业世界在某种程度上就像我们的客观物理世界，其中也有一些被称为"常识"或"常理"的东西。而经济学作为我们与商业世界沟通的桥梁，在其中发挥了巨大的作用。

一个好的商人，往往是对经济学有着细致的理解并善于运用的人。比如"低买高卖"这条理论，从人类世界有了商业活动开始，就是一条亘古不变的常理。

在中国古代著名的历史典籍《史记》中，有一篇名为《货殖列传》的文章，它专门描绘了当时的经济现象和商业活动。与传统的"重农抑商"思维观念不同，作者司马迁对于"商人"这个群体给予了高度的重视与尊重。在这篇文章中，司马迁浓墨重彩地介绍了白圭这位被誉为"商祖"的传奇商人。

白圭生活在魏文侯时代，那是一个社会经济结构和政策发生重大变革的时期。在李悝推行农业改革，实施"尽地力之教"的政策背景下，白圭以其敏锐的洞察力察觉了社会的变化，发现了经济运行的规律。

白圭的商业智慧体现在他提出的经营哲学："人弃我取，人取我与。"这八个字的字面意思很简单，就是说"别人不要的东西，我就捡起来；别人想要的东西，我就给予"。然而，这句话背后蕴含的是一种深刻的经济理念。白圭认为，当市场上某种商品的供应量大于需求量时，大家都会竞相降价出售，这时他便会以低价收购这些商品，囤积起来。而当市场出现供不应求的情况，大家都愿意出高价购买时，他便将之前低价收购的货物再以高价卖出，从而获得利润。

具体到实际操作中，这一原则白圭主要运用于粮食和丝绵的交易。每年在粮食丰收的季节，市场上粮食供应充足，价格自然会降至全年的最低点。这时，白圭便开始大量收购粮食，同时出售丝绵。反过来，在蚕茧收成的季节，丝绵的价格会降到全年最低，他便趁机收购丝绵，同时出售粮食。通过这种巧妙的市场操作，白圭能够在不同季节赚取丰厚的利润。

更为人称道的是，白圭还观察到了一些与农业收成相关的天文现象与气候规律。他发现，每逢"太岁"在卯和酉的年份，粮食往往会丰收，但接下来的第二年可能会发生旱灾；而"太岁"在午和子的年份，虽然会出现旱灾，但之后的一年往往会是丰收年。凭借这样超凡的洞察力和对自然规律的掌握，白圭能够预测市场的走势，从而在粮食丰收时大量购进，在灾害来临时高价售出。

春秋时期，古希腊世界中也有通过天文学知识而赚了一笔钱的人，他就是被誉为"西方哲学之父"的泰勒斯。

泰勒斯生活的年代要比白圭早大约150年。在古代社会，农业是社会经济的重要组成部分，而橄榄作为古希腊一种重要的农作物，其收成直接影响着农民的收入和地区经济的繁荣。泰勒斯通过对天文现象的观察和研究，根据自己对天文周期的理解和计算，预见了可能即将到来的橄榄大丰收，于是提前租下了该地区所有的榨油机。

当丰收季节如期而至时，所有的农民都急需使用榨油机来处理他们的橄榄果实。泰勒斯此时成了唯一的榨油机供应商，由于需求量巨大，他得以提高租金，从而获得了丰厚的利润。

由此看来，东西方的智慧是相通的，无论是泰勒斯还是白圭，对于商业的理解大概是一致的。

白圭的经商哲学理念，是他对市场供需关系和价格波动深刻理解的体现。这一理念不仅在当时的商业实践中取得了巨大成功，而且对后世的商业策略和投资理念产生了深远的影响。

好的知识与理念可以贯穿历史的长河永久闪耀，并不会随着时间的流逝而改变。正如，白圭的理念放到现在的商业环境中来看也不过时，依旧具有启示性意义。

简单来讲，白圭的理念与现代价值投资的原则相契合。价值投资者寻找市场上被低估的股票或其他资产,期待其价值在未来得到市场的认可和重估。

这一理念强调了对市场周期的理解。投资者应学会识别市场的不同阶段,如牛市和熊市,并据此调整自己的投资策略。

逆向投资则需要勇气和智慧,同时也伴随着较高的风险。现代投资者在应用这一理念时,应结合风险管理和资金分配来降低潜在的风险。

白圭的理念还体现了一种长期投资的视角。投资者应关注资产的内在价值和长期增长潜力,而非短期的市场波动。

要记住,对现代的商人来说,深入了解市场供需关系,根据季节变化和市场动态调整经营策略,是实现商业成功的关键因素之一。

有时,退出也是智慧

> 人生在世,无论是生活中还是商业中,随时都要有退出的准备和打算。有的时候,退出不是失败,反而是一种智慧。
>
> 做人,做生意人,要拿得起,也要放得下。

有一个故事流传深远。

话说有一个人感到异常痛苦,于是去找大师解惑。大师让他拿着一个空杯子,然后往杯子里面倒热水。那个人虽然感觉有点烫,但还是紧紧握着杯子。没一会儿,热水就溢出了杯子,流淌到那人的手上。

大师问:"烫吗?"

那人回答:"很烫。"

大师又说:"那你为何不放手?"

这个故事告诉我们,在生活中,有的时候,紧紧握着不放并不是最优解,反而会成为我们痛苦的源头。实际上,在商业世界中亦是如此,与其抱死不放,不如直接放手,双手空了,才有空间去拿握更有价值的东西。

有时,放手也是一种选择,退出也是一种智慧。

安德鲁·卡耐基(Andrew Carnegie)作为美国近代有名的实业家与慈善家,以其在钢铁工业领域的巨大成功和对慈善事业的慷慨捐赠而闻名,被誉为"钢铁大王"。从一个贫穷的苏格兰移民成长为美国最富有的人之一,他的人生经历可以说是"美国梦"的典型代表。

晚年的卡耐基已经成了当时响当当的商业巨人,但遗憾的是,他并未培养出合格的接班人。眼看自己一天天老去,他心中的忧郁与日俱增:若自己百年之后,谁又能继承自己的衣钵呢?

当时,新总裁查尔斯·施瓦布希望有人能买下卡耐基的公司,但是放眼望去,谁又买得起呢?另两位商业巨子洛克菲勒和摩根是有这个实力的,但是他们之前都表态过,自己对卡耐基的钢铁企业没有兴趣。

但是到了1900年，摩根回心转意了。此前，摩根通过兼并的手段，成立了国家钢管公司——这家公司占据了美国85%的钢管产能。国家钢管公司认为，自己没必要再从卡耐基那里采购钢铁了，决定自己单干。但是问题来了，单干的话，干得过卡耐基吗？

摩根财大气粗，心想：不如直接将卡耐基的公司给买下来吧。将潜在的敌人变成盟友，何乐而不为呢？

1900年12月12日，摩根、卡耐基和施瓦布共同参加了一个活动，摩根和施瓦布共同商量，由摩根买下卡耐基的公司，组建一家新公司，施瓦布成为新公司的管理者。

施瓦布找到了卡耐基的夫人，向她表达了自己的意思，夫人劝他和卡耐基打一天高尔夫，趁卡耐基心情好的时候提出这件事。

打高尔夫球的时候，施瓦布向卡耐基说出了心中的想法，卡耐基用铅笔在纸上写出了自己的报价：4亿美元。

这成了整个商业史上最为传奇的一幕。

摩根在看到卡耐基的纸条后说："接受。"

就此，摩根正式买下了卡耐基的公司。1901年3月，美国钢铁公司成立，它是世界上第一家总资产超过10亿美元的公司。

卡耐基无疑是豁达的。经营了几乎一生的公司，突然之间要转手卖给他人，任谁都会不舍，任谁都会不甘。这事要放在一般人身上，多半会考虑良久，或许就会因此而错失良机，因为摩根很可能又会改变主意了。

可是，若此时卡耐基紧紧握着自己的公司，就像开头故事中的那位主人公，任由大师在他手握的杯子中注满热水却不松手。那么很可能，卡耐基在今天人们心目中的形象就会很不一样。

如果培养了一个合格的接班人倒也还好，可问题是，上帝不会让每个人的人生与事业都如此完满。因此，有的时候，人要学会取舍，学会放手。

在面临选择的时候，卡耐基非常爽快地答应了，这正是他智慧的体现。

将自己一生的心血卖出去，卡耐基似乎也如释重负，是的，他此生的目的，是为了证明自己的能力，而不是当一个守财奴。他是一个拿得起，放得下的人。

此后的卡耐基，全身心投入到了慈善事业当中，他在《财富的福音》中说："在巨富中死去是一种耻辱！"

敢于吃亏，才能占大便宜

> 成功的企业家和企业往往采取长期的视角，愿意在短期内做出牺牲以实现长期目标。
>
> 通过提供优质服务和产品，企业可以培养客户忠诚度，这有助于稳定收入并增加市场份额。

古人常常教导我们"吃亏是福""吃亏才是占便宜"。

然而，事实情况真是如此吗？

至少在商业世界中，吃亏常常是一种为了更长远的利益而放弃了眼下利益的行为。这不仅是一种战略选择，更是一种智慧。

奥地利作家斯蒂芬·茨威格在《断头王后》中说："所有命运馈赠的礼物，都早已在暗中标好了价格。"市场在赐予企业财富的同时，其实也都已在暗中标好了财务风险。同样，这句话也可以反过来理解，今天的"损失"，其实也早已被命运标好了价格，命运试图在未来加倍地偿还给你。

当然，需要注意的是，"吃亏"并不是鼓励企业在交易中盲目接受损失，而是一种长远的战略思维，意味着通过短期的让步或牺牲，以换取长期的盈利和市场优势。

类似这样的例子在商业中有很多。

比如，亚马逊公司刚刚推出 Prime 会员服务时，许多人会认为这是一个不太明智的商业决策。Prime 会员服务要求用户支付一定的年费，作为回报，会员能够享受到包括免费快速配送、流媒体服务在内的多种优惠和特权。从表面上看，亚马逊似乎在为会员提供大量的免费福利，这在短期内可能导致公司的财务状况承受压力，看似是一项亏损的业务。

然而，这种看法忽略了 Prime 会员服务背后的长远战略。通过这项服务，亚马逊成功吸引并留住了大量的忠实顾客。这些顾客因为享受到了便捷的购物体验和额外的服务，变得更加倾向于在亚马逊平台上进行消费，这种忠诚度的提升被称为"用户黏性"。随着用户黏性的增加，这些会员往往会更频繁地访问亚马逊网站，从而在无形中推动了更多的消费行为。

长期来看，Prime 会员服务将会员对亚马逊的忠诚度转化为了实际的消费行为，他们在亚马逊上的消费频率和金额都显著高于非会员。这种消费模式不仅为亚马逊带来了稳定的收入流，还显著提升了其市场份额。随着时间的推移，Prime 会员服务被证明是亚马逊一项极为成功的商业策略，它不仅为公司带来了巨大的利润，还巩固了亚马逊在电子商务领域的领导地位。

作为全球咖啡消费的引领者，星巴克一直以来都致力于为顾客提供舒适和便利的咖啡馆体验。在早期，星巴克推出了一项创新服务——为顾客提供免费的 Wi-Fi 接入。尽管在最初，这种服务被视为一种额外的成本负担，但随着时间的推移，这一策略逐渐显现出其深远的商业智慧。

在那个时期，免费 Wi-Fi 并不像现在这样普遍，星巴克这一举措无疑是颇具前瞻性的。它不仅为顾客提供了一个温馨的环境来享受他们喜爱的咖啡，更为他们提供了一个可以随时随地上网冲浪、处理工作或与朋友社交的平台。因此，人们开始蜂拥而至，他们不再只是为了一杯香浓的咖啡，更多的是为了享受那份免费网络服务带来的便捷。

星巴克门店很快成了城市中最受欢迎的社交和工作场所。顾客在这里或消磨时光，或独自思考，或与朋友交流，或进行商业会谈，而这一切都在不知不觉中增加了他们在店内的消费。随着顾客数量的增加，星巴克的咖啡和其他产品的销量也得到了显著的提升，从而间接提高了公司的收益。

此外，通过提供免费 Wi-Fi，星巴克还能够收集到大量的顾客数据，包括他们的上网习惯、消费偏好等宝贵信息。这些数据不仅能够帮助星巴克进行更为精准的市场分析，还能用于开展个性化营销活动，以便在未来的市场竞争中占据有利地位，实现更大的商业成功。

一直以来，小米就以其超高的性价比获得了无数粉丝的追捧。小米公司在其成立初期，采取了一种非常独特的商业策略——硬件利润率不超过5%。这一策略的核心思想是：通过将硬件产品的价格压得尽可能低，来吸引广大消费者的关注和购买，从而在竞争激烈的市场中迅速站稳脚跟。这种做法使得小米在硬件销售上的利润空间变得非常有限，但正是这种自我设限的低价策略，为小米打开了市场的大门。

随着消费者对于高性价比的智能手机和其他智能硬件产品的需求激增，小米的低价策略迅速在市场上引起了轰动，这使得小米在短时间内就成功占领了市场的一席之地。随着越来越多的消费者开始使用小米产品，小米的品牌知名度也有了显著提升，建立起了一个庞大的用户群体。

然而，小米并不满足于仅仅在硬件销售上取得的成功。随着用户基数的不断增长，小米开始寻求更多的盈利途径。他们通过提供多样化的互联网服务，如云服务、金融服务等，为用户提供更多便利的同时，也为自己创造了新的收入来源。此外，小米还建立了一个涵盖智能家居、生活周边、健康科技等多个领域的产品生态体系，这些产品与小米的核心业务相互补充，进一步拓宽了公司的盈利渠道。

更为重要的是，小米通过后续的增值服务，如内容订阅、会员服务等，实现了对用户价值的深度挖掘。这些服务不仅为用户提供了更加丰富的体验，也为小米带来了持续且稳定的收入流。

从长远的角度来看，小米的这种策略无疑是成功的。它不仅帮助小米赢得了宝贵的市场份额，更重要的是它为小米创造了一个多元化的收入结构，确保了公司能够在激烈的市场竞争中持续发展，实现稳定的利润增长。通过这种创新的商业模式，小米证明了在硬件利润率极低的情况下，依然可以通过其他途径获得成功，为行业树立了新的标杆。

顺应商业周期，不逆天而行

> 理解并把握市场经济的内在规律和周期性波动，可以帮助企业家和投资者做出更明智的决策。
>
> 成功的商人擅长根据不同的时代背景、社会环境和市场状况把握时机，这要求现代企业家和投资者具备敏锐的市场洞察力。
>
> 在市场低迷时买入，在市场高峰时卖出，这种操作可以帮助投资者获取最大的利润空间。

司马迁在《货殖列传》中表达了一个观点，即"商业活动并非无序竞争的混乱局面，而是存在着一套内在的规律和原则"。

他认为，那些能够洞察这些规律、准确把握商机的商人，往往能够在激烈的市场竞争中脱颖而出，取得事业上的成功。

司马迁通过生动的叙述，展示了商业活动是如何在一个没有指导的环境下自发形成秩序的。在司马迁看来，商业并非是政府精心策划和安排的结果，而是一个由无数个体基于自身优势和需求，自由竞争、自由交换的复杂系统。

司马迁在《货殖列传》中强调，每个人都有追求个人利益的动机，这种动机驱使他们发挥自己的特长，通过各种手段获取自己所需的物品或服务。这种自下而上的商业模式，不仅促进了商品和服务的多样化，也推动了社会分工和经济的繁荣。他的这一观点，实际上是对市场经济中自发秩序和规律性的一种肯定，表明即使在古代，人们也已经认识到市场机制在资源配置中的重要作用。

司马迁的这种客观认识，不仅体现在他对商业活动的描述上，还反映在他如何描绘商人的形象上。他笔下的商人不是简单的财富追逐者，而是具有智慧、勇气和远见的社会成员。他们的活动不仅限于买卖交易，还包括了对市场的预测、风险的评估以及商机的把握。这些商人的形象，为中国传统商业文化和商业伦理的形成和发展提供了丰富的素材和启示。

古代有很多人认为商人的地位是低贱的，他们唯利是图，只要有钱，他们什么都做。然而，司马迁却反对这种观点，他认为人的欲望是根植于天性之中的，追求财富是人的本性。他承认和肯定了这种欲望，并为商人的这种逐利辩护，赞赏了商人的智慧。

比如，《货殖列传》详细地记载了一系列在商业领域取得显著成就的商人的生活和事迹，其中，范蠡无疑是一个特别值得深入研究和探讨的人物。

范蠡是春秋时期的著名政治家、军事家和经济学家，他在越王勾践的统治时期发挥了重要作用。通过实施一系列精明的经济政策，范蠡帮助越国在短短十年之内实现了从贫穷到富强的巨大转变。越国不仅经济繁荣，还拥有了强大的军事力量，最终成功地灭掉了邻国吴国，使越国崛起成为春秋时期的强国之一。

范蠡在经济管理方面的才能尤为突出，他提出的一系列经济观点和理论，如"强兵必先富国""旱时备船，涝时备车"，体现了他对经济规律的深刻理解和把握。这些观点不仅在当时具有重要的现实意义，对后世的经济思想也产生了深远的影响。

除了范蠡之外，《货殖列传》还记述了其他一些著名商人的事迹，如白圭、猗顿和郭纵等人。他们在商业活动中展现出的敏锐的洞察力、卓越的经营策略和丰富的实践经验，使他们在商界取得了巨大的成功。他们的智慧和经验被《货殖列传》所记录，成了中国传统商业文化的重要组成部分。

司马迁通过深入研究这些巨商们创造财富的历史，发现他们之间存在一个共同的特点，那就是"与时俯仰，获其赢利"。这里的"时"，指的是时间，更准确地说，是时机、时势。这就是说，成功的商人都擅长根据不同的时代背景、社会环境和市场状况，来决定何时应该积极进取，何时应该适当收缩，何时应该采取激进的策略，何时又应该保守行事，从而能够在各种情况下，获取最大的经济利益。

在司马迁的眼中，这种"时势"或者说"时机"的选择，其实是一种周期性的把握。他进一步提出了一个被后人称为"司马迁周期"的概念："六岁穰，六岁旱，十二岁一大饥。"这个概念基于当时农业社会的实践经验，认为经济活动存在一个大约12年的周期。在这个周期中，每6年会出现一次丰收，接着是6年的干旱，然后是12年一次的大饥荒。这个周期性的经济波动，实际上是由天体的周期性运行引起的气候变动所导致。

当然，这段内容描述的是一个古老而朴素的周期理论。在这个理论中，我们可以看到一个非常核心的观点，那就是司马迁已经对"商业所处的外在环境是周期性动荡的"这一现象有了初步的认识。这种认识在今天看来都非常先进，因为它揭示了商业环境中的一种基本规律。

然而问题也随之而来，在这样的环境中，经营者应该如何应对呢？这是一个非常重要的问题，因为它关系到商业活动的成功与否。

《货殖列传》中提到了一种非常独特的策略，那就是"旱则资舟，水则资车"。这个策略的意思是：当出现大旱的时候，你应该买船；而当遇到洪涝灾害的时候，你应该买车。

这个策略在今天看来是非常有智慧的，因为它揭示了一个非常重要的商业原则：周期是动态的，是周而复始的。也就是说，今天的旱灾，明天可能会变成水灾，需要船；今天的洪水，未来某一天可能会变成旱灾，车又能跑了。因此，当发生大旱的时候，船的需求会下降，价格自然会下降，这正是买船的好机会。同样当发大水的时候，车的需求也会下降，价格也会下降，这时候正是买车的好机会。

在现代投资界，沃伦·巴菲特（Warren E. Buffett）是一位享誉全球的投资大师，他有一句名言："在别人贪婪的时候我恐惧，在别人恐惧的时候我贪婪。"这句话简洁地概括了投资的精髓。然而，这种思想并不是近代才有的产物。实际上，早在2000多年前的《货殖列传》中，就已经出现了类似的智慧。它告诉我们，当市场上的其他人因为恐慌而抛售某样商品时，正是我们购入的好时机；相反，当市场上的其他人因为贪婪而抢购某样商品时，我们应该考虑卖出。

这种策略的本质是利用商品的价格周期，即在价格低谷时买入，在价格高峰时卖出，从而获得最大的利润空间。这种方法不仅适用于古代的货物交易，也同样适用于现代的股票市场、债券市场以及其他各种金融资产的交易。通过这种方式，投资者可以在市场的波动中寻找到价值被低估的投资机会，实现长期的资本增值。

除此之外，《货殖列传》中进一步揭示了这些商人不仅仅满足于物质财富的积累，他们更有着超越纯粹商业利益的人生理想和社会责任感。这些商人的行为和思想，充分体现了中国传统商人的商业伦理观念，即在追求个人经济利益的同时，也不忘承担社会责任，为社会的和谐与进步作出贡献。

这些成功的商人不仅是商业领域的佼佼者，也是中国传统文化的传承者。他们的故事和经验经过世代相传,对后世的商业活动和文化发展产生了深远的影响。在中国乃至世界的商业史上,他们的事迹被视为经典案例,被无数商人学习和效仿。

第二章

创新求变,随机应变才有进步

敢做第一个吃螃蟹的人

> 对效率的极致追求，反过来会促进企业的创新与进步。
>
> 所有企业家都必须认识到，员工的福利是保障企业发展的一大因素。大家手上有钱了，才能带动企业产品的销售与利润。

要想在商业世界上获得成就，就必须具备"敢做第一个吃螃蟹的人"的勇气与决心。尽管这样的行为往往伴随着巨大的风险，但同时也可能带来颠覆性的创新和巨大的成功。

因此，需要注意的是，"敢做第一个吃螃蟹的人"并不意味着鲁莽，也不是让我们盲目地不顾一切向前冲，而是要有一种"敢为天下先"的勇气，这里的"先"指的是符合市场规律，符合大众心理预期，具有前瞻性，而不是做出来的行为与决策，谁也不买账。

如今我们所熟知的工厂流水线，实际上其诞生的日子距离我们并不远。流水线生产可以大大提高生产效率，降低生产成本，在提高企业资金运转效率的同时，也能让消费者以较为低廉的价格买到心仪的产品。

在20世纪初，汽车制造业还处于手工作坊式的生产阶段，生产效率低下，成本高昂。亨利·福特（Henry Ford）为了实现大规模生产和降低成本，开始探索新的生产方法。1913年，他成功地引入了世界上第一条汽车流水装配线，这一创新的生产方式使得T型车的生产效率得到了极大的提升。

装配线生产方式的核心在于将复杂的汽车制造过程分解为一系列简单、重复的步骤。每个工人被分配到流水线上的一个特定位置，负责完成一个或几个简单的任务。随着流水线的移动，汽车在每个工作站停留，逐步完成从零部件组装到最终成品的全过程。

这种生产方式使得工人不需要在整个工厂中移动，而是固定在一个位置，专注于单一的操作。这样的分工合作极大地提高了工人的熟练程度和生产效率，因为每个工人都能在短时间内重复执行相同的任务，减少了转换工作的时间和可能出现的错误。

装配线生产方式的高效率直接降低了生产成本。由于生产速度的加快，单位时间内可以生产出更多的汽车，从而分摊了固定成本。此外，由于生产过程中的重复性和标准化，对工人的技能要求降低，减少了培训成本和劳动力成本。

亨利·福特的装配线生产方式对现代工业生产有着深远的影响。它不仅被广泛应用于汽车制造业，还被其他行业采纳，如电子、家电、食品加工等。装配线的概念也促进了现代供应链管理、库存控制和质量管理的发展。

亨利·福特的"敢做第一个吃螃蟹的人"不仅体现在这一点上，还体现在他对工人的福利上。

在当时，大多数工厂工人的工资水平较低，工作时间长，劳动条件艰苦。福特认识到，提高工人工资不仅能提高他们的生活质量，还能增加他们的购买力，从而扩大自己产品的市场。1914年，福特汽车公司董事会通过决议宣布福特公司将实现"五美元工作日"。同时，以每天8小时的三班倒制度取代了每天工作9小时的制度。这一政策的推出，体现了福特公司对于企业社会责任的前瞻性思考。

"五美元工作日"政策将工人的日工资从当时的平均水平（2～3美元）提高到5美元。这一政策不仅包括了基本工资的提高，还涵盖了工作时间的缩短（从9小时或12小时减少到8小时），以及对工人年龄、家庭状况和工作表现的考虑。

这一政策显著提高了工人的生活水平——工人能够获得更高的收入，改善自己和家人的生活条件，减少对额外工作的依赖。此外较高的工资使得工人能够购买更多的消费品，包括福特汽车，从而提高了他们的生活质量。

提高工资直接增加了工人的购买力，这为福特汽车和其他消费品创造了更大的市场需求。工人作为消费者，能够购买自己生产的产品，这不仅促进了福特汽车的销售，也推动了整个经济的增长。

"五美元工作日"政策引发了广泛的社会讨论和效仿。它改变了人们对工作、工资和企业责任的看法，促进了劳资关系的改善，也为后来的劳动法律和工人权益保护奠定了基础。此外，这一政策还被认为是现代消费社会和中产阶级兴起的重要因素之一。

但要提到"敢做第一个吃螃蟹的人"，就不得不提苹果的创始人史蒂芬·乔布斯（Steve Jobs）。

乔布斯本身就具有开创性人格，鼓励员工不满足于现有的成就，挑战现状。他认为，只有不断质疑和改进，才能推动技术和产品的进步。这种文化鼓励员工思考如何做得更好，而不是仅仅满足于"足够好"。

乔布斯对卓越的追求体现在他对产品和团队的高标准要求上。他相信，只有追求卓越，才能创造出真正伟大的产品和服务。这种追求卓越的态度激发了员工的潜能，推动他们不断超越自我。

乔布斯认为内部竞争是激发创新的有效方式。他通过在团队之间建立健康的竞争关系，促进了新产品和新想法的产生。这种竞争不仅推动了产品的迭代更新，也激发了员工的创造力和团队精神。乔布斯明白，创新往往伴随着失败。他容忍失败，并将其视为学习和成长的机会。而他本人也正是创新文化的榜样，他对技术和设计的热情，对完美追求的执着，以及对改变世界的愿景，都深深影响了苹果的员工。他的领导风格和个人魅力为公司树立了一个追求创新和卓越的标杆。

乔布斯坚持不断更新产品，即使当前的产品已经非常成功。他认识到，技术和市场是不断变化的，他鼓励团队不断挑战自我，追求技术上的突破和设计上的革新。只有持续创新，才能保持公司的领先地位。这种鼓励员工勇于尝试新事物，不断更新产品的策略也使得苹果公司能够及时响应市场变化，不断推出引领潮流的产品，满足消费者的需求。

除此之外，乔布斯对传统思维模式和行业惯例持有质疑态度。他不拘泥于现有的技术和市场规则，而是不断探索新的可能性。这种思维方式使得苹果能够推出 iMac、iPod、iPhone 和 iPad 等革命性产品，这些产品不仅改变了苹果的命运，也深刻影响了整个科技行业。

乔布斯在商业策略上也展现出颠覆性。例如，他通过 iTunes 和 App Store 改变了音乐和应用程序的分发方式，这些策略不仅为苹果创造了新的收入模式，也为用户提供了前所未有的便利。在市场策略上，他通过独特的营销和品牌建设，将苹果塑造成了一个文化标志。他的这种引领市场趋势的能力，使得苹果的产品成了消费者追求的对象。他也不畏惧权威，甚至愿意与行业巨头对抗。他曾公开挑战微软的商业模式，并在必要时与政府和监管机构抗衡。这种勇气和决心使得苹果能够在竞争中保持独立的环境。

要想追求卓越，不仅需要我们具备非凡的勇气，还要保持开放的头脑，领导市场，而不是处于被领导的地位。

Stay hungry, Stay foolish.

求知若渴，保持虚心。

人无我有，人有我优

> 唯有优质的服务，才能吸引客户，才能在商业世界立足。优秀的企业家要通过技术和创新为世界带来积极的变化。

在商业世界中，要想有效地引领市场，就必须要有拿得出手的产品与服务，这是企业的核心竞争力，也是将"我"与其他同类型的竞争者区别开来的重要手段。

换句话讲，别人没有的，我要有；别人有的，我要做到极致。

约翰·戴维森·洛克菲勒（John Davison Rockefeller）是美国历史上著名的企业家、慈善家，以及标准石油公司（Standard Oil）的创始人之一。

1863年，洛克菲勒与克拉克这两位商业巨头联手，共同创建了一家专门从事炼油业务的公司。他们的企业愿景并不局限于两人的合作，他们深知专业知识的重要性，于是又邀请了一位化学家加入他们的团队。这位化学家的加入，无疑为公司带来了新的活力和创新的可能。

这家公司的规模在当时是无人能敌的。它拥有每天生产500桶煤油的能力，这在当时的炼油行业中，无疑是一个巨大的数字。这一成就，不仅是对洛克菲勒和克拉克商业眼光的肯定，也是褒奖他们勇于创新、敢于挑战的精神。

然而，洛克菲勒并没有满足于此。他有一个更大的梦想，他希望这家公司能够成为炼油行业的一面旗帜，成为所有炼油公司的榜样。于是，他为这家炼油公司起了一个新的名字——"标准石油"。这个名字，充满了洛克菲勒的野心和决心，他要将这家公司打造成炼油行业的标杆，让所有人都向它看齐。

洛克菲勒的经营理念非常独特。他认为，提供最好的服务，是大量增加业务，而不是增加利润，才是吸引客户、击败竞争对手的关键。他的这种理念，无疑为公司发展注入了新的活力，也为公司赢得了更多的客户和市场份额。

要做到这一点，就需要对产品或服务的细节把控到位。

苹果公司创始人史蒂芬·乔布斯不仅是一位卓越的企业家与市场引领者，他还是一位"细节控"。

乔布斯坚信设计是产品成功的关键。他不仅关注产品的外观，更关注产品的用户体验。在苹果，设计不是工程或营销的附属品，而是产品开发的核心。乔布斯亲自参与设计的讨论和决策，确保最终产品能够触动用户的心灵。

他对完美的追求几乎到了偏执的程度。他相信，产品的每一个部分都代表了公司的形象和价值观。他容忍失败但不容忍任何瑕疵，对产品的每一个细节都要求达到最高标准。他对产品的每一个使用环节都深思熟虑，从材料选择到制造工艺，任何影响品质的因素都不允许存在。这种追求完美的态度使得苹果的产品在质量上无可挑剔。从产品的开箱体验到用户界面的设计，再到软件和硬件的无缝整合，乔布斯都力求做到最好。这种以用户为中心的设计理念使得苹果的产品易于使用，为用户带来了卓越的体验。

即使产品已经上市，乔布斯也不会停止对细节的关注。他会持续收集用户反馈，不断对产品进行改进和优化。这种持续改进的精神使得苹果的产品能够随着时间的推移而不断进化，满足用户的期待。

在中国，陈启源是一位具有传奇色彩的企业家，他的故事充满了起伏和转折。作为广东侨商，陈启源在中国创办了首家侨资企业——继昌隆缫丝厂。

在继昌隆缫丝厂的坚实基础之上，陈启源先生凭借其卓越的创新精神和不懈的努力，不断地进行技术革新和工艺改良。他的这些努力，使得工厂生产出的丝织品质量得到了显著的提升，不仅在国内市场上赢得了良好的声誉，更是在国际市场上受到了广泛的认可。

陈启源先生深知，要想在竞争激烈的市场中脱颖而出，必须提高生产效率和产品质量。因此，他大胆引进了蒸汽机作为动力源，替换了传统的手工缫丝方法。这一改革，不仅极大地提高了缫丝的速度，还确保了丝线的均匀性和光泽度，从而显著提升了丝织品的整体品质。

蒸汽机的引入，使得缫丝过程机械化，不仅大幅度地提高了生产效率，还降低了劳动强度，减少了人力成本。同时，机器缫丝的精确度和稳定性，保证了每一批丝织品的质量都达到一个非常高的标准。

陈启源先生的这些技术创新和改良，使得继昌隆缫丝厂产品在市场上脱颖而出，成为国内外客户争相购买的高品质丝绸产品。这些产品不仅在国内市场畅销，更是打开了国际市场的大门，让世界各地的消费者都能够享受到来自继昌隆缫丝厂的优质丝绸。

这也告诉我们，"工欲善其事，必先利其器"，企业要想不断发展，跟上时代的潮流，就得不断引入先进的技术。

要勇于开辟新道路

> 对创新和创意的持续追求不仅要体现在技术和产品上,也要体现在商业模式和市场战略上。
>
> 创新精神和对产品质量的执着追求,是一家企业或品牌笑傲整个行业的宝贵财富。

创新是推动商业世界不断发展的最重要因素之一,也是个人与企业能够长久立足的一个基本点。

创新不仅仅是推出一个新产品或者服务,它涉及商业模式、管理方式、市场营销策略以及客户体验等多个方面。商业创新的核心在于打破常规,不断寻找和实施新的方法来提高效率、满足消费者需求、创造独特的价值主张,并在竞争激烈的市场中保持领先地位。

华特·迪士尼(Walter Elias Disney)是全球知名的动画大师、企业家、导演、制片人、编剧、配音演员以及卡通设计者。他是迪士尼公司的创始人,对全球娱乐产业产生了深远的影响。

迪士尼的创新之路始于1928年,当时他创造了"米老鼠"这一角色,这不仅是动画史上的一个里程碑,也是迪士尼公司的起点。米老鼠的成功证明了动画角色可以具有广泛的吸引力和商业价值。

随后，迪士尼公司不断推出新的动画技术和故事，如1937年的《白雪公主和七个小矮人》是首部长篇动画电影，开启了动画电影的新时代；开发多平面摄影机，使得动画场景更加立体和真实，推动了动画技术的革新。

除了动画制作，迪士尼公司还将创新延伸到了公共娱乐领域。1955年，华特·迪士尼在美国加利福尼亚州创建了第一个迪士尼主题公园——迪士尼乐园。这个主题公园不仅为游客提供了独特的娱乐体验，也成了迪士尼品牌的一个重要组成部分。

迪士尼公司还通过收购和合作，不断扩大其业务范围和市场影响力。例如，收购皮克斯动画工作室、漫威娱乐和卢卡斯影业等。这些操作使得迪士尼公司在动画、超级英雄电影和科幻电影等领域都取得了显著成就。

简单来讲，对创新和创意的持续追求不仅要体现在技术和产品上，也要体现在商业模式和市场战略上。

再比如，阿道夫·阿迪·达斯勒（Adolf Adi Dassler）是德国著名的企业家、阿迪达斯（adidas）品牌的创始人。达斯勒于1920年开始手工制作运动鞋，他不仅是一位制鞋匠，还是一位痴迷田径的业余运动员。凭借对运动的热爱和对鞋类设计的专注，他的产品很快在国际体坛上获得了认可。

达斯勒先生是一位充满创新精神的企业家，他的一生中共获得了超过700项与运动相关的专利。这些专利不仅涵盖了鞋类设计，还包括了运动装备的各个方面，体现了他对提升运动员表现和产品性能的不懈追求。

阿迪达斯推出的胶铸足球钉鞋，标志着足球鞋制造技术的一大进步。这种鞋款采用了新型材料和制造工艺，不仅提高了耐用性，还增强了对运动员脚部的保护。多钉扣鞋是达斯勒的另一项创新，这种鞋款设计能够提供更好的抓地力和稳定性，尤其适用于需要快速起步和变向的运动，如足球和田径。

而旋入型鞋钉则是达斯勒最引以为傲的发明。这种鞋钉设计允许运动员根据场地条件和个人需求，轻松更换不同类型的鞋钉，从而优化运动鞋的性能。这一革命性的概念极大地提升了足球鞋的适应性和功能性，对足球运动产生了重大影响。

从达斯勒先生身上我们可以看到，创新精神和对产品质量的执着追求，是一家企业或品牌笑傲整个行业的宝贵财富。

比尔·盖茨（Bill Gates）是全球知名的企业家、软件工程师、慈善家和微软（Microsoft）的联合创始人。他的事业和影响力跨越了商业、技术和慈善领域，对全球信息技术产业和社会发展产生了深远的影响。

微软在盖茨的领导下，始终将大量的资源投入到研发中，不断探索新的技术和理念，以确保其产品和服务能够满足市场的变化需求。这种持续的研发投入使得微软能够推出一系列创新的软件和解决方案。

Windows 操作系统是微软技术创新的代表作之一。从最初的 Windows1.0 版本到最新的 Windows 11，微软不断对操作系统进行改进和更新，引入了图形用户界面、多任务处理、网络集成等一系列创新功能，极大地改善了用户的计算机使用体验。

微软另一项重要的技术创新则是 Microsoft Office 办公套件。Word、Excel、PowerPoint 等应用程序通过和 Windows 操作系统的捆绑，已经成为全球办公室的标配。微软通过不断增加新功能和改进用户界面，使得 Office 套件能够适应不断变化的工作需求，以保持其在市场上的领先地位。

随着技术的发展，微软也进入了云计算和人工智能领域。通过对 Azure 云服务平台和 AI 技术的研发，展示了微软在新兴技术领域的创新能力和发展潜力。

微软的产品和服务不仅满足了市场需求，还重新定义了个人和企业的工作方式。通过提供高效的工具和平台，微软推动了数字化办公和远程工作的普及，改变了人们的工作和沟通方式。

比尔·盖茨始终将技术创新作为微软发展的基石，这种长期的创新战略使得微软能够在不断变化的科技行业中保持领先地位。他的远见和对技术的热情促使微软不断推出新的产品和服务，不仅满足了市场的需求，还引领了整个行业的发展方向。

其实，无论是以上讲到的这些人，还是没有提及的、活跃在商业世界中的其他人，他们都明白创新对于一家企业的重要性。如果一家企业失去了创新，那么它就会像失去了根基的树木一样，等待它的唯有枯萎与衰败。

当然，创新离不开决策者的勇气，不仅要有创新，更要有创新的勇气，从而带领企业走向下一个赛道，开辟一条崭新的商业之路。

顺势而为，借势而上，乘势而动

> 企业家要学会造势，要善于利用各种媒体平台让自己的产品持续不断地曝光，最重要的是，要给潜在消费者一种眼前一亮的感觉。

荀子曰："君子生非异也，善假于物也。"

这意思是说，有为的君子和一般人并没有什么本质的差别，只是他们善于利用外界的工具罢了。

一个成功的商人，不仅要能够洞悉市场的变化，还要能顺势而为，在必要的时候，要学会造势。机会与其说是等出来的，不如说是创造出来的。

有机会，就上。

没有机会，创造机会也要上。

很多人都知道爱迪生是一名伟大的发明家，殊不知，他还是一名优秀的企业家。

托马斯·阿尔瓦·爱迪生（Thomas Alva Edison）一生创立了爱迪生电灯公司等多家公司，将自己的发明商业化，并在市场上取得了巨大成功。他不仅注重技术创新，还懂得如何将发明变成商业机会，赢得了市场和消费者的认可。他的发明对现代工业社会，尤其是在电力和通信领域产生了深远的影响。

一个真正成功的发明，更在于它能否被广大公众所接受，能否被大众广泛使用。如果你发明了一款产品，好是好，但市场上鲜有人知，甚至根本不买账，那么这种发明在商业界就属于无效发明，因为它并不能带来任何利益。

爱迪生最终成功发明了灯泡。他通过上千次的失败，深刻地理解到一项发明能够成功应用并不完全取决于其技术成就的高低。因此，爱迪生不仅仅专注于发明的技术研发，更是采取了一系列创新的市场营销策略，以推动他的发明被大众接受和使用。

爱迪生的市场营销策略在当时是非常前卫的，他通过媒体和公共活动来推广他的发明，这些策略对现代市场营销产生了深远的影响。他深知，一个好的产品，如果没有足够的市场推广，是无法被大众所接受的。

爱迪生也非常善于利用新闻媒体来传播他的发明。他会定期举办新闻发布会，邀请记者到他的实验室参观，亲自向他们展示最新的发明。这种做法，为记者提供了独家新闻。记者们的报道，也使得爱迪生的发明迅速成为人们讨论的焦点，激发了公众的好奇心和购买欲望。

爱迪生还热衷于参加和举办各种展览会，以便将他的创新成果展示给广大的公众。他深知，只有将他的发明带到人们的视线中，才能让更多的人了解并接受这些新兴技术。

1876年，爱迪生参加了费城百年博览会，这是一个盛大的国际展览，吸引了无数的观众。在那里，他展示了他的复合电报——

四重发报机，这种机器可以通过一根电线同时传输多达四份独立的电报。这是一种革命性的通信工具，这个发明一经展出，立刻引起了轰动，人们惊叹于它的速度和效率，这无疑是对爱迪生才华的一次公开认可。

然而，爱迪生并没有止步于此。在1882年，他在纽约市建立了第一个商用电力系统。这是一个全新的概念，让人们能够在家中使用电力。为了证明这个系统的实用性，爱迪生公开展示了电灯的照明效果。这个展示无疑震撼了所有人，他们从未想过，原来生活可以如此便利。

这些公共活动，不仅展示了爱迪生发明的实用性，更重要的是它们增强了公众对新技术的信心。人们开始相信，这些新技术真的可以改变他们的生活。

然而，爱迪生明白，要让公众接受新技术，仅仅展示是不够的，还需要让人们了解它。因此，他会在各种场合进行产品演示，耐心地解释新产品的工作原理和使用方法。他希望通过这种方式，让公众更好地理解他的发明，从而接受它们。

此外，爱迪生还通过撰写文章、出版小册子和举办讲座等方式，普及电力知识和电灯的好处。他希望通过这种教育型的市场营销策略，帮助公众理解并接受新技术。

爱迪生的这些市场营销策略，不仅让他的发明得到了广泛的关注，也为他赢得了巨大的商业成功。他的发明改变了世界的发展进程。

苹果公司的创始人乔布斯无疑是爱迪生最好的学生。苹果公司每年的发布会都是一场科技界的盛事，吸引了全球无数的目光。爱迪生总是能够通过展示自己的发明成果来激发公众的兴趣和想象力。苹果公司也借鉴了这种策略，每年都会精心准备并推出一系列新产品和技术，以此来展示其在创新领域的领先地位。

在苹果公司的发布会上，我们通常可以看到一系列令人瞩目的新产品，如iPhone、iPad、MacBook等，这些产品不仅代表了苹果公司的最新科技成果，也引领着整个行业的发展趋势。发布会上，苹果的高管们会详细介绍每一款新产品的特点、功能以及它们将如何改善用户的日常生活。这些介绍通常伴随着精美的视觉效果和生动的演示，使得观众仿佛能够即刻体验到这些产品带来的便利和乐趣。

除了硬件产品，苹果公司的发布会还会展示其在软件和服务方面的创新，比如iOS、macOS操作系统的更新，以及Apple Music、iCloud等服务的新功能。这些软件和服务的更新往往与硬件产品紧密相连，共同构建了一个强大的生态系统，为用户提供了无缝的良好体验。

苹果公司的发布会不仅是产品的展示，还是苹果品牌文化的一部分。每次发布会都像是一次科技的盛宴，传递出苹果对于设计和创新的无限热情。爱迪生通过他的发明改变了世界，苹果公司也希望通过其产品改变人们的生活，让科技更加人性化，更加贴近每个人的日常需求。

无论是爱迪生还是乔布斯，他们都善于给自己造势，让他们的产品从诞生之日起就拥有一定的"势能"，从而进行大范围的传播。

现如今，很多科技企业都会召开自己产品的发布会，也是将这种"造势本领"学到了位。

将"拿来主义"变成"我的主意"

> 每个成功的人背后都有值得我们学习的地方。无论是他们的工作方法、决策过程，还是他们如何克服困难、如何持续激励自己，这些都是我们可以借鉴的宝贵资源。通过分析和理解别人的成功之路，我们可以发现那些可能适用于自己情况的策略和方法。

在商业世界中，创新和独创性是推动公司发展的关键因素。然而有时候，企业和个人会采取一种被称为"拿来主义"的策略，即直接模仿或借鉴他人的创意、产品或服务。

尽管这种做法能在短期内带来一定的效益，但长远来看，它可能会损害企业的声誉，并可能导致法律纠纷。因此，将"拿来主义"转变为"我的主意"——通过合法途径和创新思维将他人的想法转化为自己独特的创意——是至关重要的。

成功的商人，都善于从别人成功的经验中学习，因为有些成功的经验已经被证明在市场中是有效的了。这个时候，与其自己摸索试错，不如直接引入进来。当然，在学习引入的时候，要注意两点：第一，一定要在法律与道德所允许的范围内学习；第二，学习学的是做事方法，是一种普遍适用的方法论，而不是刻舟求剑，全部照搬。

之前讲过，福特汽车的创始人亨利·福特率先将流水线作业引入了自己的工厂，这种方法被证明是有效的。当时，其他汽车产业在看到这一点后，也学习了福特的经验，比如雪铁龙。

安德烈·雪铁龙（André Citroën）是一位法国工业家和发明家，他最著名的成就是创立了雪铁龙汽车公司（Citroën），这个公司后来成了全球知名的汽车制造商之一。

1912年，安德烈·雪铁龙以自己的姓氏为名，注册了雪铁龙商标。这一重要的举措，不仅标志着一个汽车品牌的诞生，更为这个品牌的历史发展奠定了坚实的基石。七年后，他迈出了更大的一步，正式创建了雪铁龙汽车制造公司。

在那个时期，也就是20世纪初，汽车制造业还处于非常初级的阶段。当时的汽车，大多数都是手工制作的，因此价格昂贵，只有少数经济条件好的人才能买得起。这种状况，无疑限制了汽车的普及和汽车工业的发展。

然而，雪铁龙先生并不满足于现状，他有着超前的眼光和卓越的洞察力。他清楚地认识到，如果能够实现汽车的大规模生产，就能够大幅降低汽车的生产成本，从而使得汽车成为普通家庭也能够负担得起的交通工具——这是一个非常大胆且富有前瞻性的想法，因为在当时，这几乎是一个不可能实现的目标。

因此，雪铁龙先生提出了一个在当时看来几乎不可能实现的目标：日产 100 辆汽车。这一目标的提出，无疑是对当时生产能力的巨大挑战，也是对整个汽车工业生产方式的革新。他希望通过这种方式，推动汽车工业的发展，使得汽车能够真正走进普通家庭，成为人们日常生活的一部分。

雪铁龙汽车制造商受到了美国福特汽车公司革命性的流水线生产方式启发，决定将这一先进的生产理念引入自己的汽车制造流程。福特公司的流水线生产模式，通过将复杂的汽车组装过程拆分成一系列简单、重复的操作步骤，实现了生产的高度专业化和标准化。

精细化的分工和流水线上的连续作业，确保了产品质量的一致性和可靠性。雪铁龙公司通过对这种生产方式的借鉴和应用，不仅显著提升了生产效率，缩短了汽车的生产周期，还降低了生产成本。这也为雪铁龙汽车在市场上的竞争力提供了有力的支持。

从雪铁龙的例子中我们可以看到，别人成功的经验，就是我们学习的目标，因此要善于学习。

在这里，又不得不提到乔布斯的苹果公司。虽说苹果手机是现代智能手机的先驱，但实际上，早在苹果手机问世之前，世界上就已经有了现代智能手机的概念与雏形。

在 iPhone 问世之前，市场上已经存在了许多智能手机，如黑莓（BlackBerry）和诺基亚（Nokia）等品牌的产品。这些早期的智能手机主要侧重于邮件通信和基本的企业功能，而针对个人用户体验和外观设计，并不是它们的主要卖点。

苹果的创始人史蒂夫·乔布斯和他的团队观察到了这一点，并决定创造一款不仅功能强大，而且拥有革命性用户界面的智能手机。他们采用了现有的智能手机概念，但对其进行了彻底的重新设计和创新。iPhone的设计团队摒弃了传统的物理键盘，转而采用了全触屏界面，这一决策在当时是前所未有的。

此外，苹果还引入了多点触控技术，使得用户能够通过手指的轻触、滑动和捏合来操作手机，这大大提高了用户体验的直观性和流畅性。他们还开发了自己的操作系统——iOS，以及应用商店App Store，为用户提供了一个可以下载各种应用程序的平台，这在当时的智能手机市场中都是全新的概念。

通过这些创新，苹果公司不仅仅是"拿取"了现有的智能手机概念，更是将其转化为了一个全新产品。iPhone的问世不仅改变了智能手机市场，也改变了整个通信和娱乐行业。iPhone的成功证明了，通过观察市场需求，借鉴现有产品的特点，并在此基础上进行创新，成功地将"拿来主义"转化为"我的主意"，企业也能够创造出具有革命性影响的新产品和服务。iPhone的推出不仅巩固了苹果作为创新领导者的地位，也为其他企业提供了一个如何通过转化现有概念来创造独特价值的典范。

然而，正如在开头提到的，学习不是生搬硬套，在运用"拿来主义"的同时，还需要进行本土化的改造以及适应于自己目标的独特创新，否则就是"东施效颦"，不仅起不到正面的效果，反而还会搬起石头砸自己的脚。

第三章

诚实守信,守住底线才能长久

善人者，人亦善之；爱人者，人亦爱之

> 在商业世界中，诚信不仅是一种道德要求，更是企业长期发展和稳定的关键。通过坚持诚信经营，企业能够赢得客户的信任，建立起良好的商业信誉，从而实现可持续发展。

在当今社会，有些人持有一种观点，他们认为商业世界是一个充满了欺骗和背叛的领域，每个人似乎都在为自己的利益而不择手段，每一秒都在进行着没有硝烟的战争。然而，这种看法实际上是非常片面的。"商业"作为一个历史悠久的领域，无论是在古代还是在现代，无论是东方还是西方，其核心价值和运作原则都有着深远的意义。

诚信，作为商业活动中一项至关重要的品质，一直是商人们追求的目标。它不仅仅是一种道德规范，更是商业成功的关键因素。诚信意味着在商业交易中保持透明和公正，意味着对客户、合作伙伴以及整个社会负责。商人通过建立信任，赢得客户和市场的尊重，从而在激烈的商业竞争中脱颖而出。

在现代社会，诚信的重要性不言而喻。随着信息技术的发展，消费者可以更容易地获取有关产品和服务的信息，他们的选择也

越来越多地依赖企业的信誉。一个没有诚信的企业，无论其产品多么优秀，都难以获得消费者的持续支持。

因此，将商业世界简单地视为一个充满尔虞我诈的场所，是对商业本质的误解。诚信不仅是商业世界的基石，也是商人们最需要贯彻和体现的一项优秀品质。它不仅能够帮助企业赢得市场，更能够在长远中塑造企业的品牌形象，为企业带来可持续的成功和发展。

历史上，许多成功的商业帝国都是基于诚信的原则建立起来的。他们通过提供高质量的产品和服务，通过公平的交易，遵守承诺，赢得了社会声誉和忠诚的客户群。这些企业之所以能够历经时间的考验，很大程度上是因为他们坚持了诚信这一核心价值。

王炽，字兴斋，是晚清时期的杰出商人，被誉为"钱王"，他以小本生意起家，以卓越的商业才能，逐步发展成为掌控"同庆丰"商号和"天顺祥"商号的商业巨头。更以深厚的儒家道德观念为基础，其诚信经营、注重社会责任和公益事业的行为，赢得了社会的广泛尊重和赞誉，成了中国商业史上的传奇人物。

王炽的成功并非偶然，而是源于他坚定不移的商业道德和对质量的执着追求。在当时官场腐败、商场复杂、官商勾结和商匪串通的社会环境中，王炽始终坚持"以德为根，以质为本"的经商原则，这使得他在激烈的商业竞争中脱颖而出，赢得了广泛的尊重和信任。

王炽深知，货品的质量是企业生存和发展的基石。因此，他对自己的产品严格把关，确保每一件商品都能满足甚至超越顾客的期望。他的"诚实忠诚"原则不仅体现在对客户的服务上，也体现在对合作伙伴的关注上。王炽相信，只有让利于顾客、合作者和员工，才能实现长远的发展和共赢。

在王炽的经营理念中，他强调"善人者，人亦善之""爱人者，人亦爱之""洁身者友谈，忠厚者路宽"。这些古训不仅指导了他的商业行为，也成了他处理人际关系的准则。他坚持不做损人利己的事情，不扰乱民生，不参与恶性竞争，而是致力于通过正当手段创造价值，促进社会和谐。

在待人接物上，王炽更是以身作则。他相信，一个良好的商业氛围离不开员工的辛勤付出和团队的协作，因此他始终尽力为员工创造良好的工作环境和生活条件，以诚相待，赢得了员工的忠诚和尊敬。

王炽的商业实践和道德准则，使他在晚清这个动荡的时代中不仅站稳了脚跟，还把生意做得越来越大，他的商业帝国"同庆丰"和"天顺祥"成了当时商业的典范，在中国商业史上留下了浓墨重彩的一笔。

起初，王炽的商业之路并不平坦。他从农副产品起步，贩卖土布和红糖等商品。这些看似不起眼的交易，却是他积累原始资本的重要途径。王炽凭借着对市场的敏锐洞察力，以及对客户需求的深刻理解，逐渐在小范围内建立起了自己的声誉。他的商品以质量稳定、价格公道著称，很快就在当地市场上获得了认可。

随着资本的逐渐积累，王炽开始扩大经营范围，涉足更多的商业领域。他不仅在商品贸易上有所作为，还开始尝试资本运作，如投资设立钱庄，开展汇兑存放款的业务。这些创新的商业模式，在当时可谓领先一步，为他带来了更为丰厚的回报。

在面对市场波动和竞争压力时，他总能准确预判市场趋势，对市场变化做出快速反应，及时调整经营策略，把握住了一次又一次的商机。他的商业帝国也因此不断壮大，从一个地方性的商号发展成为跨区域的商业集团。

同样，秉持诚信经营的还有晚清著名"红顶商人"胡雪岩。他是第一个获得慈禧太后亲自授予红顶戴和黄马褂的商人，因此被称为"红顶商人"。

胡雪岩，本名胡光墉，幼名顺官，字雪岩，清末著名的商人、金融家，出生于安徽绩溪。他以经营钱庄起家，后涉足盐业、生丝、药材等多种行业，逐渐成为当时中国最富有的商人之一。胡雪岩不仅商业手腕高超，还与官府关系密切，曾多次受清政府委托筹措军费，对晚清财政有一定影响。

胡雪岩的成功在很大程度上归功于对商业诚信的坚守。他深知，在商业活动中，诚信是企业立足之本，也是赢得客户和社会尊重的关键。因此，他将诚信作为自己经商的首要原则，并在实践中不断体现这一理念。

在创办胡庆余堂时，胡雪岩不仅在商业操作上坚持诚信，更是将这一理念上升为企业文化的核心。他亲笔跋文"戒欺"一匾，不对门外却向内面对耕心草堂悬挂："凡百贸易均着不得欺字，药业关系性命尤为万不可欺。余存心济世，誓不以劣品弋取厚利，惟愿诸君心余之心。采办务真，修制务精，不至欺予以欺世人，是则造福冥冥，谓诸君之善为余谋也可，谓诸君之善自为谋亦可。"明确告诉所有的顾客和员工，胡庆余堂的经营哲学是"凡百贸易均着不得欺字，药业关系性命尤为万不可欺"。这句话表明了胡雪岩对药品质量的严格要求，是胡庆余堂制药的铁定规则，也反映了他对顾客生命健康的深切关怀。

胡雪岩的这种诚信经营不仅体现在对商品质量的把控上，还体现在对顾客的服务态度上。他要求员工对待每一位顾客都要真诚、热情，做到童叟无欺。

此外，胡雪岩在商业交易中也坚持公平、透明的原则。他反对任何形式的欺诈和不正当竞争，坚持用真实的商品和服务说话。这种诚信的商业道德不仅为胡庆余堂赢得了良好的市场声誉，也为胡雪岩个人积累了宝贵的社会资本。

能力越大，责任越大

> 决策时考虑的不仅是利益得失，而是"什么是正确的事情"。
>
> 相信一切事物都处在发展变化中，不断进化和创新。
>
> 超越个人利害，全力为之，以全局的角度思考问题。

在当今这个高度商业化的社会中，商人为了追求利润最大化，往往在商业活动中采取各种策略和手段。确实，作为一个商人，追求经济利益是其基本的动机之一，"天下熙熙，皆为利来；天下攘攘，皆为利往"，这种对利益的追求在很大程度上推动了经济的发展和市场的繁荣。然而，仅仅关注利润的最大化是不够的，在追求个人或企业利益的过程中，商人也应该意识到他们在社会中所扮演的角色，以及他们对社会的影响。

在这个意义上，商人在进行商业活动的时候，追逐利益虽然是合理的，但这种追求不应该是没有界限的。商人需要在追求个人或公司利益的同时，也要考虑到其商业行为可能对社会、环境以及其他利益相关者产生的影响。这就要求商人在进行商业决策时，不仅要考虑到经济效益，还要考虑到社会效益，承担起相应的社会责任。

这种社会责任可能包括但不限于：确保产品和服务的质量，保护消费者权益；尊重员工的合法权益，提供公平的工作条件；遵守环境保护法规，减少对环境的破坏；参与社区建设，支持社会公益事业等。通过这样的行为，商人不仅能够赢得消费者的信任和支持，还能够提升企业的品牌形象，从而在长远中获得更大的成功。

松下幸之助（Konosuke Matsushita）是日本著名企业松下电器（Panasonic）的创始人。他的一生充满了传奇色彩，从一位普通的电器工人到建立起一个全球性的电子产业帝国，松下幸之助不仅以其商业智慧和远见卓识闻名，还因其对企业文化和社会责任的深刻理解而备受尊敬。

松下幸之助提出了一种独特的商业理念，被称为"自来水经营哲学"。这一哲学的核心观点是，企业的根本宗旨不应仅仅局限于追求经济利益，而应当承担起更为深远的社会责任。在松下幸之助看来，企业的存在和发展，其最终目标应当是通过不断的技术创新和规模化生产，将高品质的产品和服务变得像日常生活中的自来水一样普遍和可负担。

这种经营哲学强调了企业的社会价值和使命。松下幸之助认为，企业应当通过技术进步和生产效率的提升，降低产品成本，使广大消费者能够以合理的价格享受到高质量的产品和服务。这样的经营策略不仅能够扩大产品的市场覆盖范围，满足更多社会大众的需求，还能够促进社会的平等和福祉，因为每个人都能够无障碍地获取到这些产品和服务，无论他们的经济状况如何。

松下幸之助的这一经营哲学还体现了他对于企业与社会之间关系的深刻洞察。他认为，企业不应当是孤立的利润追求者，而应当是社会进步的推动者。企业的盈利活动应当与社会的福祉相结合，通过提供优质的产品和服务来提升人们的生活水平，进而实现企业的长期发展和社会的整体繁荣。

松下幸之助有三条决策原则，它们分别是："正确的事"，指在决策过程中，要强调的不仅仅是利益的得失，更重要的是要判断"什么是正确的事情"；"生成发展观"，指相信一切事物都处在不断的发展和变化中，企业要想持续发展，就必须不断地进行创新和进化；"远离私心私欲"，指在经营决策中，提倡超越个人的私利，从全局的角度出发，考虑企业的长远发展和社会的整体利益。

这些原则要求企业家和管理者要有广阔的视野和高度的责任感，在面对选择时，应该超越短期利益的诱惑，坚持正确的价值观和道德标准，以公正和公平的态度处理企业事务，做出对社会和企业都有长远利益的决策。同时鼓励企业持续投入研发，不断推出新产品，改进服务，以适应市场的变化和消费者的需求。

无疑，松下幸之助不仅仅追求企业的利润增长，还追求整体社会的和谐与发展，这一点也体现在他对待员工的态度上。

人才在企业发展中处于核心地位。松下幸之助认为，企业的首要任务是培养人才，而不仅仅是生产产品。对现代企业而言，这意味着应当重视员工的培训和发展，为员工提供持续的学习机会和职业成长路径。通过建立有效的人才培养体系，企业可以培养出忠诚、高效、创新的团队，从而推动企业的长期发展。

在经济困难时期，松下电器选择与员工共渡难关，不裁员、不减薪。这种做法不仅体现了企业对员工的责任感，也增强了员工对企业的忠诚度和凝聚力。对现代企业来说，这表明在面对挑战时，应当尽力维护员工的利益，通过内部管理优化和成本控制等措施来应对危机，而不是简单地通过裁员、减薪来降低成本。

除了薪资之外，全面的福利体系和良好的工作环境也是吸引和留住人才的重要因素。松下幸之助通过提供具有竞争力的薪资和福利来吸引和留住人才。这包括为员工提供住宅、宿舍、医院等福利设施，确保员工的生活质量。通过提供这些福利，企业可以提高员工的满意度和忠诚度,从而降低人才流失率。

松下幸之助鼓励员工具备经营意识,将个人工作视为自己的事业来经营。这种理念强调了员工的主动性和参与感,认为每个员工都是企业成功的关键。现代企业可以从中汲取灵感,通过授权、激励和绩效管理等手段,激发员工的潜力和创造力,使他们成为企业价值创造的积极参与者。

不忘初心,才能走得更长更远

> 只有坚守最初的目标和理念,才能够确保企业在未来的发展道路上走得更加长远和稳健。初心不仅仅是创业时的热情和动力,更是在企业发展过程中不断前进的指南针。它能够帮助企业家在面对各种挑战和诱惑时,保持清晰的方向感,避免偏离正确的道路。

在商海沉浮的漫长旅程中,面对各种诱惑和挑战,始终保持初心——那些一开始激励他们踏上商业征途的核心价值观和目标,是实现长期成功和可持续发展的关键。

不忘初心意味着商人需要时刻回顾自己的使命和愿景,这些是他们创业之初的动力所在。它可能是对产品质量的坚持,对客户服务的承诺,或者是对社会贡献的追求。当商人在经营过程中遇到困难和不确定性时,这些初心就像是一盏明灯,照亮前行的道路，帮助他们做出符合长远利益的决策。

此外，保持初心还要求商人具备自我反思和自我更新的能力。市场环境和消费者需求不断变化，商人需要不断地学习和适应，但在这个过程中，他们的核心理念应当是稳定的。这种稳定性为他们提供了一个坚实的基础，使他们能够在变革中保持方向，不至于迷失在短期利益的诱惑中。

埃隆·马斯克（Elon Musk），这个名字在当今世界已经成了创新与前瞻思维的代名词。作为特斯拉（Tesla）和太空探索技术公司（SpaceX）的首席执行官，他不仅是一位商业领袖，更是一位梦想家，他的远大愿景深刻地影响着我们的未来。

马斯克的愿景之一是将人类从地球的束缚中解放出来，使人类成为一个多行星物种。这一宏伟目标，通过他的 SpaceX 得以体现。SpaceX 致力于开发可重复使用的火箭技术，不仅大幅降低了太空探索的成本，也为人类探索火星乃至更远的宇宙提供了可能性。马斯克相信，建立外星殖民地不仅能够确保人类文明的长期生存，还能激发人类对未知的探索和创新。

除了太空探索，埃隆·马斯克还致力于通过可持续能源改变世界。特斯拉公司就是这一愿景的直接体现，它不仅仅是一家生产电动汽车的公司，更是一场革命性能源变革的先驱。特斯拉的电动汽车不仅减少了对化石燃料的依赖，还在设计上不断突破，引领着整个汽车行业的创新。此外，特斯拉公司还涉足太阳能屋顶和电池储能领域，致力于建立一个更加清洁、高效的全球能源体系。

然而，实现这些宏伟目标的道路并非一帆风顺。马斯克在推动这些变革的过程中，面临着来自技术、资本、市场以及社会观念等多方面的挑战。无论是SpaceX的火箭发射失败，还是特斯拉汽车的生产困境，抑或是公众对他个人行为的质疑，马斯克都曾经历过严峻的考验。但即便在面对这些挑战时，马斯克始终没有放弃，他坚定地相信自己的愿景，并持续投入巨大的精力和资源去克服困难，推动他的企业和社会向前发展。

作为维珍集团（Virgin Group）的创始人，理查德·布兰森（Richard Branson）以其非凡的商业才智和前瞻性思维而闻名于世。他的商业旅程始于一个规模不大的唱片店，但凭借着他的坚持和创新精神，这个小小的起点逐渐演变成了一个横跨多个行业的庞大商业帝国。

从唱片店开始，布兰森就展现出了他对市场的敏锐洞察力和对顾客需求的深刻理解。他不满足于仅仅经营一家普通的零售店，而是将其发展成了一个有着广泛影响力的品牌。随着时间的推移，维珍集团不断拓展其业务范围，涉足了航空、音乐、通信、太空旅行等多个领域，每一个领域都体现了布兰森对创新和卓越顾客体验的承诺。

在推动企业发展的过程中，布兰森始终将创新置于核心位置。他深知，只有不断创新，企业才能在竞争激烈的市场中脱颖而出。因此，无论是在产品开发、服务提供还是商业模式上，他都鼓励团队打破常规，勇于尝试新的方法和技术。这种以创新为导向的企业文化，使得维珍集团能够在不断变化的市场环境中保持领先地位。

同时，布兰森也非常注重顾客体验。他认为，优秀的顾客体验是企业成功的关键。因此，他确保维珍集团在各个接触点上都能为顾客提供高质量的服务和产品。无论是在维珍航空的头等舱，还是在维珍移动的客户服务中，顾客都能感受到布兰森对品质的执着追求。

像这样的例子数不胜数，作为星巴克的首席执行官，霍华德·舒尔茨（Howard Schultz）成功地将一家原本只是区域性的咖啡馆转变为了一个在全球范围内广受认可的知名品牌。在他的领导下，星巴克不仅在商业上取得了巨大的成功，而且成了咖啡文化的代名词。

舒尔茨先生对于星巴克的成功起到了决定性的作用。他不仅仅是一位商业领袖，更是一位深谙员工和顾客关系重要性的企业家。他始终坚信，员工的福利和顾客的体验是公司成功的两大支柱。因此，他不断地推动公司在这些方面进行创新和改进，确保每一位员工都能在一个充满尊重和激励的环境中工作，每一位顾客都能享受到一致且高质量的服务体验。

在舒尔茨先生的领导下，星巴克坚持履行其社会责任，致力于可持续发展和公平贸易的实践。公司不仅在环境保护方面做出了承诺，还通过各种社会项目积极回馈社区。此外，星巴克的文化价值也是舒尔茨先生特别强调的一点。他认为，一个公司的核心价值观和文化是其品牌身份的重要组成部分，这些价值观不仅能够吸引和保留人才，还能够增强顾客的忠诚度。

儒商的核心价值观——以人为本、以和为贵

> 商业不仅仅是追求利润的过程，更是实现个人价值、促进社会和谐的途径。

很多人都曾听说过"儒商"，但是究竟什么是儒商呢？儒商的特点又有哪些呢？

在儒商的经营理念中，儒家的道德观念被奉为商业经营和个人修养的重要准则。他们认为，商业不仅仅是追求利润的过程，更是实现个人价值、促进社会和谐的途径。因此，儒商在经营活动中，总是力求在实现企业利益的同时，也能兼顾社会责任和道德规范，体现了一种兼济天下的广阔胸怀。

儒商理念始终坚持儒家的伦理思想——重义轻利。他们认为，商业活动不仅仅是为了追求利润，更重要的是要遵循道义，坚持先有义、后有利的原则。在面对利益的诱惑时，他们会首先考虑是否符合道义，是否对社会有益。这种"见利思义"和"以义求利"的商业哲学，使他们在商业活动中始终能够坚守道德底线，不为短期的利益而牺牲长远的道德价值。

儒商理念要求在推动企业发展的过程中，不仅注重物质文明

的建设，如提高产品质量、扩大市场份额等，同时也非常重视精神文明的培养。他们努力在企业内部营造一种和谐、尊重、诚信的文化氛围，强调员工的道德修养和人格提升，在企业的物质成就和精神文化建设方面都能取得显著的成绩。

儒商文化的内涵，是对儒家思想的现代诠释和应用。它强调以人为本，关注人的全面发展，不仅仅是职业技能的提升，更包括道德品质和人文素养的培育。儒商通过自身的实践，展现了一种独特的商业哲学，即在追求经济效益的同时，也能够坚守道德原则，实现个人、企业与社会的和谐共生。这种商业文化，不仅对企业家个人的成长有着深远的影响，也对社会的和谐发展作出了积极的贡献。

儒商的出现和发展不仅仅是商业领域的一个现象，更是一种深刻文化与商业的融合，反映了一种深层次的文化认同和商业实践的结合。他们所追求的，并不仅仅局限于短期的经济收益或物质利益，而是更加注重长远的社会责任和道德规范的坚守。

儒商精神是他们对传统文化的继承和发扬。他们具有勤劳节俭的品质，不怕吃苦，不畏艰难，勇于开拓创新。这种精神不仅体现在他们的个人品质上，更是他们在商业实践中的行为准则。他们将传统的儒家文化与现代的商业实践相结合，形成了一种独特的商业哲学和经营方式。

在中国历史上，最早的儒商是孔子的弟子子贡。子贡作为儒家学派的杰出代表，不仅在哲学和伦理学上有着深远的影响，而且在经商领域也展现出了非凡的才华。他的商业理念和实践在当时乃至后世都产生了重要的影响,被尊称为"端木遗风",是中华儒商文化的奠基人。

在子贡的商业实践中,诚信是他的核心原则。他坚信商业交易不仅仅是财富的转移,更是信誉和道德的体现。因此,他在经商时始终坚持诚信为本,被视为儒商的先锋。子贡的这一理念,不仅在当时的商业环境中树立了标杆,也为后来的商人提供了宝贵的道德指引。

子贡在经商的过程中,不仅展现了非凡的口才和卓越的办事能力,让他在经济领域取得了巨大的成功,更是通过周游列国,积累了丰富的知识和经验,在外交和政治上有着不可忽视的成就。他的足迹遍布曹国、鲁国等地,通过精明的商业运作,他积累了巨额财富,成了当时孔子弟子中最富有的人,这些都为他日后成为一位杰出的外交家和儒商文化奠基人打下了坚实的基础,子贡被后世尊称为"儒商鼻祖"。这一称号不仅是对他商业成就的认可,也是对他将儒家思想融入商业实践的一种肯定。

尽管子贡富可敌国,但他并没有因此而骄傲自满。相反,他始终坚守着以人为本、以和为贵的原则,这些原则在他的商业活动、外交交涉乃至日常行为中都有所体现。子贡非常注重礼仪和道德修养,他认为这些都是一个人品德的重要体现,也是儒家思想中不可或缺的一部分。

同时,子贡并没有因为自己的富有而沉溺于奢侈和炫耀之中。相反,他选择了一条更为内敛和学术化的道路,全心全意地投入到了对《诗经》《尚书》《礼记》《易经》等儒家经典的深入研究中。他对文学和诗歌的热爱，使他在文情诗艺的海洋中遨游，成了一位儒学的权威。他的言辞犀利、表达流畅，这些非凡的沟通技巧，除了归功于他与生俱来的才华，更是与他刻苦钻研的专业领域息息相关。倘若没有深厚的语言学知识，他恐怕也难以达到如此娴熟的语言运用水平。

正是这样的学术底蕴，使得子贡能够超越狭隘的商业观念，以一种深邃的文化视角来重新审视商业活动。他将商业不仅仅视为一种简单的交易行为，而是将其提升到了文化的层面，用一种超然的态度将商业活动作为实现人生价值的重要舞台。在他的引领下，往往在不经意之间，就能够创造出令人瞩目的商业奇迹。

子贡的这种将商业与文化、政治活动完美结合的理念和实践，是一种独特的经商哲学。这种哲学不是一般的儒者或商人所能够企及的，它要求具备深厚的文化底蕴和商业智慧。子贡恰好具备了这样的素质，他的行为和成就，为后来的儒商树立了一个光辉的榜样，展示了如何将儒家思想与商业实践相结合，创造出独特的商业文化，影响和启发了无数后辈。

孔子对子贡有着深刻的评价。他曾经说过："赐不受命而货殖焉，亿则屡中。"这意思是说，端木赐（子贡）的学问境界已经可以摆脱命运的束缚，常常系心于货殖（商业）上，推断行情，每每准确不爽。

子贡拥有一双非常锐利的眼睛，这双眼睛仿佛能够洞察市场的每一个微妙变化。他对市场规律有着深入的了解，总能够在正确的时间做出正确的决策。他知道如何在竞争激烈的商场中保持敏锐的洞察力，这使得他在商界中如鱼得水，总是能够在关键时刻抓住机遇，从而取得了一次又一次的成功。

子贡的商业才能不仅体现在他对市场的敏锐把握上，还体现在他的外交行动中。有一次，为了保护鲁国的利益，子贡踏上了游说之旅，他先后访问了齐、越、晋等国家。在这个过程中，他不仅成功地说服了这些国家的君主，使他们采取了有利于鲁国的政策，还利用自己的商业头脑，在旅途中发现并抓住了商机，发了一笔丝绵财。这一经历充分展示了子贡在商业领域的非凡才能和智慧：他不仅有着超凡的市场洞察力，还有着将理论转化为实践的能力，这使得他在商界中取得了辉煌的成就。

当代的儒商在职业实践中秉承着"贾服而儒行"的原则，即在商业活动中融入儒家的道德规范和行为准则。他们坚持以人为本的管理理念，强调人才的重要性，注重员工的成长和发展，同时也致力于弘扬和传承优秀的传统企业文化。

黎红雷等学者对当代儒商精神的内涵进行了深入的归纳和总结，将其精髓概括为以下几个方面：

"德以治企"——当代儒商秉持儒学中"道之以德，齐之以礼"的理念，通过培养德行来提升企业的整体素质，确保企业的健康发展。

"义以生利"——他们在经营活动中坚持以儒家的义利观为指导，追求利他主义，形成了独特的经营哲学。

"信以立世"——儒商们坚守"内诚于心，外信于人"的原则，通过诚信经营来塑造良好的品牌形象。

"智以创业"——他们践行儒学中"知者不惑"的理念，善于捕捉商机，力求使企业成为与时俱进的"时代的企业"。

"仁以爱人"——继承儒学"仁者不忧"的精神，关爱员工，服务社会大众，致力于提升员工的幸福感和归属感。

"勇以担当"——他们勇于承担社会责任，严格自我管理，形成强大的组织凝聚力和感召力，不断提升企业的竞争能力和进取精神。

第四章

质量第一,百年基业的长青秘诀

以德为根，以质为本

> 高质量的产品是企业成功的关键，而品牌的建立和维护则是企业长期发展的重要保障。只有不断提升服务质量，才能保证企业在当今社会屹立不倒。

在纷繁复杂的商业环境中，道德和伦理的重要性不容忽视，它们不是可有可无的附属品，而是构建成功商业模式的基石。无论是在熙熙攘攘的城市角落经营一家温馨的小作坊，还是在摩天大楼的企业总部担任决策层的掌舵者，一个不变的真理始终贯穿其间：那就是产品与服务的质量至上。

质量，这个词汇在商业领域里如同黄金一般珍贵，它代表着企业的声誉，是消费者信任的象征，更是企业持续成长和盈利的关键。在历史的长河中，那些能够历久弥新的品牌，无一例外地将产品质量视为生命线。他们深知，只有不断地提供高质量的产品和服务，才能在激烈的市场竞争中立于不败之地。

从古代的丝绸之路贸易到现代的全球化经济，从手工艺者的精湛工艺到现代制造业的精密技术，千百年来，无数的商业实践已经无数次地证明了这一点。那些能够留下传奇故事的企业和品牌，都是因为它们坚持了对产品和服务质量的不懈追求。

纵观商海浮沉的历史长河，无数企业在激烈的市场竞争中崛起又陨落，而那些能够穿越时光隧道，历经风雨而愈发坚韧的企业，无一例外将"质量第一"奉为圭臬。这不仅是一句简单的口号，更是深植于企业文化之中的核心价值观，是企业得以持续繁荣发展的秘诀。

在当今这个快速变化的时代，消费者的需求日益多样化，技术更新换代的速度之快前所未有。在这样的背景下，为何"质量第一"的理念依然显得至关重要？因为历史已经多次证明了，质量是企业生存和发展的根本。它关乎产品的生命力，关乎品牌的信誉，更关乎企业的长远发展。

产品质量的好坏直接决定了其市场表现。高质量的产品能够满足消费者的需求，甚至超越消费者的期待，从而赢得市场的青睐。反之，质量不佳的产品不仅会失去现有客户，还会影响潜在客户的购买决策，最终导致市场份额的流失。

一个品牌要想树立良好的社会形象，就必须确保其产品及服务的质量过硬。品牌信誉一旦建立，便能形成强大的品牌效应，吸引并保持忠实客户群。这种信誉资本是无形的，但它的价值却能随着时间的推移而不断累积，成为企业最宝贵的资产之一。

再者，质量是企业可持续发展的关键。只有不断追求卓越的质量，企业才能在激烈的市场竞争中立于不败之地。通过持续的质量改进和创新，企业能够提升生产效率，降低成本，增强市场竞争力。同时，高质量标准也有助于企业吸引和留住人才，因为优秀的员工总是倾向加入那些对质量有着严格要求的公司。

然而，要做到"质量第一"，并非易事。这需要企业从顶层设计开始，将质量管理理念融入企业的每一个环节，从原材料采购到生产制造，从产品设计到售后服务，无不体现出对质量的严格把控。此外，企业还需要建立起一套完善的质量管理体系，通过标准化、流程化的操作来确保产品的每一道工序都符合高标准的要求。

在实践中，许多具有远见卓识的企业都将"质量第一"作为企业发展的核心战略。他们通过不断的技术创新和管理优化，提升产品质量，赢得了全球消费者的认可。例如，日本的丰田汽车公司就是以"丰田生产方式"著称于世，其精益生产和持续改进的理念让丰田成了汽车行业的质量典范。

因此，企业若是不再关注质量，那么别说是百年基业了，就连短期内是否能存活下去都要打一个大大的问号。

对细节的极致追求，才是企业不断发展的源动力

> 对高质量顾客体验的承诺是任何企业成功的核心；对高标准的持续追求，能推动企业在未来的发展中保持领先地位，并为整个行业树立标杆。

在当今竞争激烈的商业环境中，企业要想持续发展并保持竞争力，必须对细节给予极高的重视。对细节的极致追求，不仅是

对产品质量的严格把控，更是对服务、管理、创新等各个方面精益求精的体现。正是这种对完美无缺的追求，推动着企业不断超越自我，创造出更加卓越的业绩。

在产品制造上，对细节的关注可以体现在对材料选择的严谨、对工艺流程的精细打磨、对成品质量的严苛检验上。每一个看似微不足道的小环节，都可能成为影响产品最终品质的关键。企业通过不断优化这些细节，提升产品的可靠性和用户的满意度，从而在市场上树立起良好的品牌形象，赢得消费者的信任和支持。

在服务领域，对细节的极致追求同样至关重要。这包括对客户需求的精准把握、对服务流程的精心规划、对服务质量的持续改进。通过细致入微的服务，企业能够为客户带来超出期待的体验，增强客户的忠诚度，进而稳固并扩大其市场份额。

在管理和运营方面，注重细节意味着对流程的不断优化、对成本的严格控制、对风险的有效管理。这种精细化管理不仅能提高企业的运营效率，还有助于企业在复杂多变的市场环境中保持灵活和适应性，确保长期的稳定发展。

此外，创新也是企业发展不可或缺的动力。对细节的关注促使企业在创新过程中更加注重实用性和可行性，不断在产品设计、技术研发、市场营销等方面进行微创新，积累小的进步和突破，最终实现从量变到质变的飞跃。

迪士尼公司以其卓越的顾客体验而闻名于世，这种体验贯穿于公司的各个业务领域，包括主题公园的设计、运营、电影和电视节目的制作等。它的主题公园——迪士尼乐园被设计成为顾客提供沉浸式娱乐体验的场所。从公园的布局、游乐设施的设计，到角色扮演和现场表演，每一个细节都旨在创造一个充满魔法和欢乐的环境。通过持续的创新和改进，确保游客在每次访问时都有新鲜的体验。

第一，提供个性化的服务，如 FastPass+ 系统，让游客能够提前规划他们的游玩路线，减少等待时间。

第二，从清洁到安全，每个环节都有严格的标准和流程，确保游客有一个安全、清洁、愉悦的体验。

第三，每个游乐项目和表演都是围绕一个故事构建的，这种故事讲述的方式让游客感觉自己成了故事的一部分。

第四，电影和电视节目，无论是视觉效果、音效还是剧情，都力求达到最佳。

第五，作品常常触及人心，通过温馨、励志或冒险的故事，与观众建立情感上的共鸣。

第六，不断推出不同类型的作品，满足不同年龄和兴趣的观众需求，从动画到真人电影，从儿童节目到成人剧集，都有涵盖。

第七，对员工进行严格的顾客服务培训，确保他们能够提供一致的高质量服务。

第八，建立有效的顾客反馈机制，积极听取顾客的意见和建议，不断改进服务和产品。

无独有偶，亚马逊的创始人杰夫·贝索斯也是一个对细节有极致追求的企业家。

贝索斯坚信，高标准不仅是企业文化的核心，更是企业成功的基石。在他看来，高标准意味着企业在产品和服务的每一个细节上都追求卓越，无论是从用户体验到运营效率，还是从技术创新到客户服务，都无一例外地要求高标准。

贝索斯强调，高标准是可以传授给每一位员工的。亚马逊通过内部培训和持续的沟通，确保每个员工都能够理解并实践公司的高标准要求。这种培训和沟通不仅仅是一次性的，而是持续不断的，以确保员工始终能够保持对高标准的追求。

贝索斯指出，高标准必须是具体的和明确的，这样员工才能够清楚地知道他们应该达到的目标。亚马逊通过设定明确的目标和指标来衡量业绩，确保团队能够专注于实现这些高标准。这种明确目标和指标的做法不仅帮助员工了解了自己的工作方向，还能够帮助他们更好地衡量自己的工作成果。

为了维护高标准，贝索斯认为企业必须承认员工的成就，并为他们设定更高的期望。这种正向的激励机制鼓励员工不断挑战自我，追求更高的成就。这种激励机制不仅仅包括物质奖励，还包括精神鼓励，以激发员工的积极性和创造力。

因此，亚马逊在内部推行严格的质量控制和性能标准。公司通过持续的监控和评估，确保产品和服务的质量始终符合甚至超越顾客的期望。这种对质量的执着追求使得亚马逊在市场上建立了良好的声誉。无论是产品质量还是服务质量，亚马逊都致力于提供最好的用户体验，以满足用户的需求和期望。

不要轻视小事，小事是"大业"的基础

> 千里之行始于足下，任何伟大的成就，一开始都是从"一小步"发展起来的。这个简单而又深刻的真理，提醒着我们每一个人，不要轻视起点，不要忽视过程中的每"一小步"。

在商业世界的棋局中，每一步走得稳不稳，每一次决策考虑得周全不周全，都可能影响到最终的成败。那些看似微不足道的小事，往往是检验一个人职业素养、细心程度和责任感的试金石。它们可能包含了关键的信息，隐藏着潜在的机遇，或者预示着未察觉的风险。因此，对于这些小事的处理，不仅能够体现出个人的专业能力，更能够在日常的积累中，为公司的发展奠定坚实的基础。

在商业实践中，关注小事并不意味着要忽视大局，而是要在确保大局的前提下，对小事给予足够的重视。这种对细节的关注，能够帮助企业在竞争激烈的市场中脱颖而出，因为它能够在服务质量、产品品质、客户体验等方面，为企业赢得口碑和信誉。而这些，正是企业可持续发展和实现长远目标的关键因素。

很多赫赫有名的企业，在一开始都是从微不足道的小事做起

的，比如腾讯。腾讯一开始以一个小型的即时通信软件起家，现在已经成为提供多元化互联网服务的科技巨头。再比如恒力集团，其最初是从一个小规模的纺织化纤产品企业起步，发展成为拥有全球产能最大的PTA（精对苯二甲酸）工厂之一和全球最大的功能性纤维生产基地之一的国际型企业。

近年来，随着电动汽车概念的推广与普及，国产电动汽车出现了迅猛的发展。比亚迪公司最初以电池制造为核心业务，凭借其在电池领域的专业技术和创新能力，逐渐打下了坚实的市场基础。随着时间的推移，比亚迪不满足于在电池行业的成功，开始逐步扩展其业务范围，涉足多个高科技领域。

比亚迪首先将触角伸向了汽车行业，利用其在电池技术方面的深厚积累，开始研发和生产新能源汽车。这一战略转型不仅引领了全球汽车产业向电动化、智能化转型的大趋势，也为比亚迪打开了一个全新的增长点。随着技术的不断进步和市场的逐步开拓，比亚迪在新能源汽车领域取得了显著成就，成为中国乃至全球新能源汽车市场的领跑者之一。

除了汽车领域，比亚迪还将视野投向了公共轨道交通。依托自身在电力电子技术上的优势，进军轨道交通市场，提供了一系列高效、环保的轨道交通解决方案，包括电动公交车、地铁车辆等，这些产品和服务在提升城市交通效率的同时，也推动了绿色出行理念的普及。

在能源领域，比亚迪继续发挥其在电池技术方面的专长，不仅为新能源汽车提供动力源，还涉足了太阳能发电、储能系统等领域，致力于为全球客户提供清洁、可持续的能源解决方案。

此外，电子产业也成为比亚迪的另一个重要板块。公司通过不断的技术研发和市场拓展，已经在智能手机组件、电子元器件等电子产品领域占据了重要地位。

经过多年的发展，比亚迪已经从单一的电池制造商，成长为一个多元化的高新技术企业，其业务涵盖了汽车、轨道交通、新能源和电子四大产业。在这个过程中，比亚迪不仅在中国国内市场取得了巨大成功，也在全球范围内树立了新能源汽车的领导品牌形象，成为推动全球新能源产业发展的重要力量。

正如古人所说："千里之行，始于足下。"任何伟大的创造，一开始都是微不足道的。那些看不上小事的人，终究也成不了大事。

独特的阿米巴经营理念

> 阿米巴团队的独立核算制度是一种将企业划分为多个小型经营单位的管理方法，它通过赋予每个团队独立的财务责任，激发员工的责任心和创造力，从而提高整个企业的经营效率和市场竞争力。阿米巴经营模式通过强调全员参与，打破了传统的层级制度，让每个员工都能够成为企业经营的一分子，共同为实现团队和企业的目标而努力。

> 实践是检验真理的唯一标准，企业家不要光想不做，而是要将自己的理念融入企业的发展与生产中。

稻盛和夫是日本著名的实业家、科学家、哲学家，被誉为"经营之神"和"日本经营之圣"。他是一位白手起家的企业家，创立了两家世界500强企业——京瓷（Kyocera）和KDDI（第二电信），并且在晚年成功重建了破产的日本航空公司（JAL），使其在短短一年内扭亏为盈，并创造了该公司历史上的最高利润，同时也是当时全球航空企业中的最高利润。

稻盛和夫的阿米巴经营理念是一种独特的经营管理模式，它旨在将大型组织划分为多个小型、自主的团队，通过小团队的自主经营来提高整个企业的效率和盈利能力。这些团队被称为"阿米巴"，每个阿米巴团队就像一个独立的小企业。

阿米巴经营模式的核心理念包括：

以人为本：强调员工的主动性和创造性，鼓励员工像企业家一样思考和行动。

以理为先：意味着决策应基于理性分析和透明的原则。

以家为根：倡导构建一个像家庭一样的团队氛围，增强团队凝聚力。

以业为生：每个阿米巴团队都要对自己的业绩负责，确保业务的可持续性。

实施阿米巴经营模式的关键在于：

小组织构建：将大组织分割成多个小型的、能够独立运作的单位。

外部市场竞争：让各个阿米巴团队在市场上相互竞争，提高竞争力。

内部交易和竞争：通过内部市场化的交易机制，激发团队之间的竞争和合作。

全员参与：鼓励所有团队成员参与到决策和经营中，实现民主化管理。

领导培养：重视对团队领导的培养，使其能够带领团队实现目标。

核算制度：建立明确的核算体系，让每个阿米巴团队都能清晰地了解自己的财务状况。

每个阿米巴团队都承担着特定的业务职能，并且实行一种与市场直接挂钩的独立核算制度。

阿米巴团队的独立核算制度是一种将企业划分为多个小型经营单位的管理方法，它通过赋予每个团队独立的财务责任，激发员工的责任心和创造力，从而提高整个企业的经营效率和市场竞争力。这种独立核算制度的实施，意味着每个阿米巴团队都必须对自己的经济状况进行全面的管理和监控。具体来说，团队需要对自身成本进行严格的控制，这包括了对原材料、人力资源、运营费用等所有可能产生成本的方面进行细致的预算和审计。同时，团队还需要努力增加收入，这通常涉及提高产品或服务的质量，优化销售策略，开拓新的市场渠道等措施。

此外，独立核算制度还有助于提高企业的透明度和灵活性。每个团队的经济状况都是公开的，这有助于团队成员之间的沟通和协作，同时也使得高层管理者能够更清晰地了解各个团队的经营状况，及时调整战略和资源分配。

全员参与经营的模式是阿米巴经营的一大特点，它不是将员工视为企业运作的一颗螺丝钉，而是将每一位员工都视为企业经营的重要参与者。在这个模式下，员工的角色不再被严格限制在狭窄的职责范围内，他们被鼓励跨越传统的工作边界，积极地融入整个团队的经营活动中。通过这种方式，企业希望每个员工都能建立起一种类似于小企业经营者的责任感。每个阿米巴团队的成员都会更加积极地参与成本控制和收入增长的过程中，因为他们明白，他们的努力直接关系到团队乃至个人的利益。这种制度鼓励员工像经营自己的事业一样去思考和行动，从而激发他们的主人翁精神，提高工作的积极性和创造性。

这种经营模式强调的是团队合作和集体责任感。每个员工都被赋予了更多的自主权和责任，他们需要的不只是完成自己的工作任务，还要会主动思考如何能够为团队的整体目标和企业的发展作出贡献。员工的每一项决策和行动都应当以推动团队向前发展为出发点，以实现企业的长远目标为最终目的。

在这种全员参与的氛围中，员工不再是孤立的工作个体，而是成了一个紧密相连的集体，每个人的工作成果都直接影响着团队的整体表现。这样的模式不仅能够激发员工的积极性和创造力，还能够增强团队的凝聚力，使得企业在面对市场变化和竞争挑战时，能够更加灵活和迅速地做出反应。

在阿米巴经营模式中，稻盛和夫提出了一系列的核心原则，其中包括"经营十二条"和"六项精进"。这些原则构成了阿米巴经营的基石，它们指导着企业如何进行有效的管理和运营。

"经营十二条"是稻盛和夫根据自己多年的经营管理经验总结出来的一套管理准则，涵盖了企业运营的各个层面。例如，其中明确了事业的目的与意义，不仅是为了追求利润，更要为社会创造价值，为客户提供卓越的产品和服务。通过这样的目标设定，企业能够确保每一个成员都明白自己的工作对于整个组织的重要性，从而激发员工的责任感和使命感。

而"六项精进"则是稻盛和夫提倡的一种个人修养方法，它要求每个人都要在六个方面不断地自我提升和完善。这些方面包括道德、智慧、勇气、努力、诚实和服务。通过这六项精进的实践，员工不仅能够在个人层面得到成长，同时也能够为企业的发展贡献更多的力量。

阿米巴经营还特别强调了设定具体目标的重要性。这意味着企业需要将长远的愿景分解为可操作的短期目标，确保每个部门、每个团队乃至每个员工都有明确的工作目标和方向。这样做有助于提高企业的执行力和效率。

此外，追求销售最大化和经费最小化也是阿米巴经营的核心原则之一。这一原则鼓励企业在保证产品和服务质量的前提下，尽可能地降低成本，提高销售额。通过这种方式，企业能够在激烈的市场竞争中保持竞争力，实现可持续发展。

那么"经营十二条"具体包括哪些内容呢？

1. 明确事业的目的与意义

稻盛和夫认为，企业的目的和意义应当明确，并以此为基础推动企业的发展。这不仅能够为企业指明方向，还能够激发员工的工作热情和责任感。

2. 设定具体目标

企业应当设定清晰的短期和长期目标，并确保这些目标对所有员工都是明确和可理解的。目标的设定应当具有挑战性，同时要实际可行。

3. 胸中怀有强烈愿望

经营者需要对成功抱有强烈的愿望，并以此激励自己和团队不断前进。这种愿望应当是积极的、持久的，并能够渗透到潜意识中。

4. 付出不亚于任何人的努力

稻盛和夫强调，成功往往源于不懈的努力。无论是经营者还是员工，都应当全力以赴，以最大的努力去实现企业的目标。

5. 追求销售最大化和经费最小化

企业应当努力提高销售额，同时严格控制成本。通过这种方式，企业可以实现高效的运营和良好的盈利状况。

6. 定价即经营

定价策略是经营活动的核心。合理的定价不仅能够吸引顾客，还能够确保企业的利润。

7. 经营取决于坚强的意志

在面对困难和挑战时，经营者需要有坚强的意志和决心。这种意志是推动企业发展和克服困难的关键。

8. 燃烧的斗魂

稻盛和夫认为，经营者应当具备竞争意识和斗志，这种"斗魂"能够帮助企业在激烈的市场竞争中脱颖而出。

9. 拿出勇气做事

在经营过程中，往往需要做出一些艰难的决定。经营者应当具备勇气，敢于面对挑战，勇于做出必要的决策。

10. 不断从事创造性的工作

创新是企业持续发展的动力。经营者应当鼓励创新思维，并不断寻求改进和创新的方法。

11. 以关怀坦诚之心待人

稻盛和夫强调，经营者应当以真诚和关怀的态度对待员工、客户和合作伙伴。这种人文关怀是建立良好关系和信任的基础。

12. 始终保持乐观向上的心态，抱着梦想和希望，以坦诚之心处世

经营者应当保持积极乐观的态度，即使在逆境中也不放弃梦想和希望。这种态度能够帮助企业在困难时期保持韧性，并最终实现成功。

企业长青，格局做大，关注社会

> 在追求个人和企业成功的同时，企业更应关注社会的需要，积极参与到慈善事业中去，为社会的和谐与进步贡献自己的力量。相比于财富的积累，财富的传承更为重要。

许多企业领袖都怀揣着一个宏伟的梦想，那就是希望自己创办的公司能够久经考验，成为一家跨越世纪的老字号。为了实现这一远大的目标，仅仅专注于个人或企业的短期利益是远远不够的。相反，他们需要拓宽视野，将关注点从以自我为中心转移到更广阔的社会环境中去。

这意味着，企业领导者需要深入理解并积极回应社会的变迁和需求，关心人类共同面临的挑战和福祉。这种关怀不仅体现在产品和服务的质量上，更体现在企业对社会的责任感和对未来的承诺上。通过这种方式，企业不仅能够为客户提供价值，还能够在社会中扮演积极的角色，与公众建立起深厚的联系。

一个企业能够真正融入社会大众的生活，深入了解他们的需求和期望，它就能够在这个基础上，建立起坚实的社会基础。这种与社会的紧密联系，使得企业能够在不断变化的市场环境中保持稳定性，因为它已经深植于群众之中，成了社会不可或缺的一部分。

盛宣怀是中国近代史上一位具有重要影响力的人物，他的一生主要围绕洋务实业与慈善赈灾两件大事展开。在洋务实业方面，盛宣怀从19世纪70年代起涉足，并逐渐掌控了轮船、电报、铁路、银行、纺织等大批洋务企业，几乎掌握着国家经济的半壁江山，成为晚清"习商业、晓官法、熟洋务"的罕见高手。

盛宣怀的身份不仅局限于一名成功的商人。更难得的是，他还是一位深具社会责任感的慈善家，他的善举和贡献在当时乃至对后世都产生了深远的影响。

在面对自然灾害和社会困难时，盛宣怀从不袖手旁观，而是积极投身于救灾工作，展现出了他的大爱精神。特别是在被称为"丁戊奇荒"的严重灾难期间，他没有置身事外，而是挺身而出，亲自投入到救援行动中。不仅四处筹措急需的物资，还不遗余力地募集善款，为受灾民众提供了及时的援助。

盛宣怀的慈善之举并不局限于临时救助，他还有着更为长远的眼光和计划。他建立了广仁堂等慈善机构，这些机构成了帮助弱势群体、缓解社会问题的重要平台。广仁堂等机构的建立，不仅是对当时社会的一种救济，更是对中国慈善事业的一种推动和促进。

除了在灾难面前的积极响应，盛宣怀还积极参与到中国红十字会的筹建工作中。他的参与不仅为中国医疗救护和人道救援工作注入了新的活力，也推动了中国慈善事业的现代化进程。通过他的努力，中国红十字会得以成立，并在后来的历史中发挥了不可替代的作用。

再比如，19世纪美国的石油大亨洛克菲勒，建立了标准石油公司，它是当时世界上最大的石油生产商和分销商之一，其规模和影响力在全球范围内都是首屈一指的。到了1897年，洛克菲勒正式结束了对标准石油的直接管理。他出资成立洛克菲勒研究所，资助北美医学研究，包括根除十二指肠寄生虫和黄热病，帮助了野口英世的研究，也对抗生素的发现贡献甚大。另外，他对黑人族群非常关照，斥巨资广设学校以提升黑人教育。

1913年，洛克菲勒成立了洛克菲勒基金会，北京协和医院就是在他的资助下建立起来的。

虽然洛克菲勒在搞慈善的时候毫不手软，花钱很大，但在生活上，他可以说是一个极其简朴的人。与其说洛克菲勒对待金钱的态度上有些矛盾，不如说他是一个对金钱极其认真的人，他坚持要把钱用一种最有效的方式花出去，钱要花得有效率，还要看成果，最好还能带动其他人。

在教育上，洛克菲勒也是成功的，他的儿子小洛克菲勒也不断地投入公共事业，将自己受到的教育传承了下去，小洛克菲勒的几个儿子，也都取得了非凡的成就。至今，洛克菲勒的子孙都具有强大的影响力，家族依旧笑傲江湖。

有人曾如此评价洛克菲勒家族："父亲为家族赢得了财富，儿子为家族赢得了荣誉。"

第五章
合作共赢,跳出圈子拓展生意边界

抓住机遇，与时代同行

> 让时代为你的事业赋予加速度，抓住机遇，与时代同行，才更有可能抵达成功的彼岸。

在商业领域，能否成功往往取决于一个人或企业能否敏锐地捕捉那些转瞬即逝的机遇。在这个快速变化的时代，新技术、新模式、新趋势层出不穷，每一次变革都可能带来新的商机。因此，对于那些渴望成功的商业人士来说，必须具备敏锐的市场洞察力，以及迅速行动的能力，才能在恰当的时机抓住这些机遇。

与时代同行意味着要有前瞻性的思维。也就是说，不仅要关注当前的趋势，还要预测未来可能出现的变化，并为此做好准备。这种前瞻性思维可以帮助商业人士在变化发生之前就制定出相应的策略，从而在竞争中占据有利位置。

我们不妨来看一下美国金融大亨摩根的例子。

摩根的家族在金融领域的渊源可以追溯到他的祖父——一位在19世纪50年代就已经积累了相当财富的人。那时，摩根的爷爷开始涉足金融行业，并在那个世纪的大部分时间里，通过不懈的努力和精明的投资，积累了一大笔财富。在他去世的时候，留下了近100万美元的遗产，这在当时无疑是一笔巨大的财富，足以显示他在金融界的成就和地位。

摩根的父亲，继承了家族的金融事业，并继续将其发扬光大。他在伦敦主导了一家名为 J.S. 摩根的金融机构，这家机构最初并非由老摩根创立，而是出自一位名叫乔治·皮博迪的美国金融家之手。当时，伦敦是世界的金融中心，吸引了全球最顶尖的金融家和各式各样的商人。皮博迪的公司承担了为新兴的美国融资的重要任务，从伦敦这个世界最大的资金蓄水池中汲取力量。

然而，由于皮博迪一生未娶，没有继承人，他最终将公司交到了老摩根的手中。这一决定，无疑为摩根家族的金融事业注入了新的活力。

尽管老摩根在伦敦经营金融业务，但他的儿子并没有选择留在他的身边，而是留在了美国。这一决定，被后人认为是摩根日后成功的关键因素。因为那个时代的潮流正在从欧洲转向美国，老摩根在伦敦的金融业务虽然规模不大，但在欧洲的几大金融家族如罗斯柴尔德家族、巴林家族等的压制下，显得微不足道。

然而，当时代的金融中心从欧洲转向美国时，这些欧洲的金融家族失去了先机。而摩根，正好赶上了美国经济大发展以及第二次工业革命的好时机。可以说，这一时期的金融大亨，都是依靠美国的法案和机遇迅速崛起的。

1861年，南北战争爆发，美国联邦政府面临严重的财政危机。为了稳定经济和支付购买武器的费用，联邦政府决定发行4亿美元的公债。在美国的摩根看到了这个机会，他答应承担2亿美元国债的发行，并在同一年创立了摩根商行。这一行动不仅让他赚取了巨额利润，还使他成了爱国英雄，被誉为"拯救了美国的英雄"。

美国内战的硝烟散去后，整个国家迎来了一场前所未有的投资热潮。其中，铁路行业无疑是当时最引人注目的焦点。在这个行业中，以科尼柳斯·范德比尔特为代表的铁路大亨们迅速崛起，成了那个时代的商业巨头。

在我们的认知中，铁路作为一种重要的基础设施，通常应该由政府出资建设和维护。然而在那个时代，美国的情况却截然不同。当时的美国政府权力相对较小，财政也相对紧张，因此美国的早期铁路建设几乎全部由私人企业家承担。

然而，铁路的建设并非易事，它需要巨额的资金投入，而资本家的个人财力毕竟有限。在这样的背景下，美国社会急需一种力量，能够将众多私人资本家的力量集中起来，共同推动铁路的建设。在这样的历史性机遇面前，摩根财团应运而生，崭露头角。

可以说，铁路的发展不仅造就了当时的范德比尔特家族，也催生了摩根财团的崛起。当范德比尔特创办的纽约中央铁路公司上市时，他们选择的金融机构正是摩根财团。摩根成功地将该公司的股票推向市场，仅此一单生意，摩根财团就赚取了300万美元的利润。

此外，摩根还开创了一种新的金融业务模式。简单来说，这种模式不仅能为公司提供金融服务，当公司出现问题时，金融机构还会直接介入公司的运营。例如，当一家公司出现管理不善的情况时，摩根会代表他的客户，接管公司，将不合格的管理层替换掉，从而改善公司的运营状况。

摩根的眼光并不局限于单一的公司，他试图通过兼并和收购，控制整个行业。他和洛克菲勒有着相同的想法，那就是通过组建一个庞大且强力的企业来避免企业的低效和浪费。

1895年，美国面临着巨大的经济危机，也可以说是美元危机。当时，美元还没有成为世界货币，而且最糟糕的是，当时的美国甚至都没有一家中央银行，全国各地遍布着大量的中小型银行。因此，人们对美元的信心不是很足，很多人都宁可将手中的美元换成黄金，也不愿意握着这张纸。外国投资者也会卖出自己手中所持有的美国资产，换成黄金，带回自己的祖国。这使得美国出现了大量的资本外流，黄金储备也在不断减少。

当时，全球实行的还是金本位制，要发行多少货币，取决于这个国家拥有多少的黄金储备。因此，美国当时面临的危险就是市场上的黄金越来越少，长此以往，整个经济都会崩塌。

更严重的是，美国还面临着信用破产的危机。要想度过此次危机，政府手中就必须要持有大量的黄金，给市场提供信心，让大家都相信美元的坚挺。如此，大家才不会争相挤兑美元。

关键时刻，摩根站了出来，决定拯救这次美元危机。他和另一位银行家去见了当时的美国总统克利夫兰：

摩根说："国库里现在剩下的黄金只值900万美元了，而要你兑付的债券还有1200万美元，美国马上就要信用破产了！"

克利夫兰顿时慌了，问道："你有什么建议？"

随后，摩根给出了自己的方案，由他和另一银行家财团，到欧洲为美国筹集 1 亿美元的黄金。同时,他还说:"我会保证这些新的黄金不会流出美国。"

就这样,在摩根的牵头下,到 1895 年 6 月,美国国库的黄金储备再次超过了 1 亿美元,渐渐地,大众对于美元的信心也水涨船高,资本也再次从欧洲流入了美国。这是摩根第一次拯救美国。

第二次的拯救行动则发生在 1907 年。那年,一场巨大的金融危机袭来,主要是因为美国当时依旧没有一个中央银行,此前有,但只存活了极短的时间就被关了。在美国历史上,反对私有中央银行的政治力量和民间力量相当强大,这就给了很多银行家赚钱的机会。比如,银行家就像养鱼一样,一开始向经济体大量注入货币,在得到大量的金钱后,各行各业的人就开始在金钱的诱惑下创造财富,等到池塘里的鱼养肥了之后,银行家就会突然收紧货币,从鱼塘中开始抽水,这时,鱼塘里的鱼就等着被宰割的命运。

10 月份危机爆发的时候,纽约一半左右的银行贷款都被高利息回报的信托公司作为抵押投在高风险的股市和债券上,整个金融市场面临一触即溃的状态。

当时,摩根正在欧洲。等他回到美国后,有传言传出,说美国第三大信托公司尼克伯克即将破产。传言像流行病一样迅速蔓延开来,许多惊恐万分的人在信托公司门口纷纷排队,试图取出他们的存款,受到挤兑的信托公司只好向股票市场借钱,一下子就推高了借款利息。到了 10 月 24 日,股票交易几乎陷入了停盘状态。

纽约的证券交易所主席来找摩根,问他是否能筹集到 2500 万美元,摩根回应能筹集到,但利息会高点。

11 月 2 日,摩根出手拯救了摇摇欲坠的摩尔斯莱公司。如果该公司被迫破产清偿,那么整个纽约股市将面临崩溃的风险。摩根以 4500 万美元的超低价买下了田纳西矿业和制铁公司,而该公司的潜在价值按照约翰·穆迪的评估,至少在 10 亿美元。

在这场危机当中,摩根起到的正是中央银行的作用,中央银行有一个职能就是充当市场最后贷款人的角色。摩根再一次成了美国的英雄,也正是这一次危机,让美国下定决心要建立一个中央银行。(美联储诞生于 1913 年,即"一战"爆发的前一年。)

无独有偶,中国的企业家陈启源也是能够抓住时代机遇的先行者。

19 世纪末,随着工业革命的浪潮席卷全球,中国的南海地区也迎来了一位具有远见卓识的企业家——陈启源。他在海外的多年打拼不仅积累了相当的资本,更重要的是积累了丰富的经验和先进的技术和知识。带着这些宝贵的资源,陈启源回到了他的家乡——南海简村,决心在这里开启一番新的事业。

凭借在海外积累的资金和对工业发展的深刻理解,陈启源创办了继昌隆缫丝厂。这家企业在当时的中国可谓是开创性的,因为它引进了当时世界上领先的机器技术。陈启源并不满足于单纯使用外国技术,他还根据中国的实际情况对这些技术进行了改造,使之更加适合本土的生产需求。通过这样的改良,继昌隆缫丝厂实现了半机械化生产,这在当时的中国工业界是非常先进的做法。

　　陈启源的这种创新精神和开放态度，为当地经济的发展注入了新的活力。继昌隆缫丝厂的建立，不仅提供了大量的就业机会，增加了当地居民的收入，还带动了周边地区的商业活动，使得整个南海地区的经济得到了显著的提升。

　　更为重要的是，陈启源的这一举措为中国近代工业的发展奠定了坚实的基础。

不要在一棵树上吊死，发展多元化策略

> 　　在商业世界中，不要将希望寄托在一棵树上，而应该采取多元化策略，以应对不断变化的市场环境和潜在的风险。这种策略可以帮助企业实现长期的成功和可持续发展。在不断变化的市场环境中，多元化经营是实现长期稳定增长的有效途径。

　　不要将所有的资源和精力都集中在单一的市场、产品或服务上，因为这样做可能会让你的企业面临巨大的风险。如果这个特定的市场或产品突然遭遇不利的变化，比如需求的减少、技术的进步或者竞争的加剧，那么企业可能会遭受重大损失，甚至倒闭。

　　为了避免这种情况，企业家和管理者应该寻求在不同的领域和市场中分散风险。这可能意味着开发新的产品线，拓展到不同

的地理区域，或者投资与主营业务不相关的行业。通过这种方式，即使某个领域出现问题，其他领域的成功也可以补偿损失，保证企业的稳定发展。

比如，在前文中多次提到的迪士尼。

迪士尼公司通过多元化的业务布局实现了收入的稳定和增长。这种模式不仅包括传统的电影制作和发行，还涵盖了电视节目、主题公园、商品销售、流媒体服务等多个领域。

迪士尼的电影制作业务是其收入的重要来源之一。迪士尼拥有皮克斯、漫威、卢卡斯影业等多个知名电影工作室，每年都会推出多部大片，这些电影在全球范围内都有极高的票房和影响力。电影的成功也为公司带来了版权收入，包括家庭娱乐市场的 DVD 和蓝光销售，以及电影的电视转播权和网络播放权等。

迪士尼在电视节目领域也有着深厚的积累。其旗下的 ABC 电视台制作和播出了多部受欢迎的电视剧和综艺节目。同时，迪士尼还通过自己的电视网络，如迪士尼频道和 Freeform，向全球观众提供原创内容。这些电视节目同样为公司带来了广告收入和版权销售收入。

迪士尼的主题公园和度假区是其独特的收入来源。全球多个国家和地区都有迪士尼运营的主题公园，如美国的迪士尼乐园、巴黎迪士尼乐园、香港迪士尼乐园和上海迪士尼乐园等。这些主题公园不仅吸引了大量游客，还通过门票、酒店住宿、餐饮服务和商品销售为公司带来了可观的收入。

迪士尼的商品销售业务也是其重要的收入来源之一。迪士尼通过授权和自行生产的方式销售与其电影和角色相关的各种商品，如玩具、服装、家居用品、电子产品等。这些商品在全球范围内都有销售，为迪士尼带来了稳定的授权收入和零售收入。

随着数字媒体的发展，迪士尼也进入了流媒体市场。2019年，迪士尼推出了自己的流媒体服务平台Disney+，提供迪士尼、皮克斯、漫威、星球大战和国家地理的电影和电视节目。Disney+的推出，不仅为迪士尼开辟了新的收入渠道，也使得公司能够更好地控制其内容的分发和利用。

再比如，美国企业家阿曼德·哈默。

哈默的商业帝国之所以能够跨越多个领域并取得成功，很大程度上归功于他的多元化经营策略。这种策略使得他的企业能够在面对市场波动和行业特定风险时保持稳定，还能够充分利用不同市场的机会来实现增长和盈利。

哈默在制药业的起步可以追溯到他接管家族的古德制药厂。通过改进药品包装和交货方式，哈默成功地扩大了制药厂的规模，并使其成了一个盈利丰厚的企业。

在苏联，哈默建立了世界上最大的铅笔制造厂。他通过引进先进的生产技术和管理方法，令铅笔生产效率大幅提升，于是在全球市场上占据了重要地位。

在美国禁酒令时期结束后，哈默预见到了酿酒业的巨大潜力，并投资建立了酿酒厂。他的酿酒业务在禁酒令废除后迅速扩张，为他带来了巨额利润。

哈默在美国的养牛业也非常成功。他利用制酒厂的副产品——豆渣作为饲料，养殖了安格斯良种牛，这不仅提高了牛肉的品质，也增加了企业的收益。

最后，哈默在晚年对石油行业的投资是他的重要商业活动之一。他的西方石油公司在利比亚成功勘探出大型油田，使公司成了石油行业的重要参与者。

哈默多元化的经营策略优势是非常明显的。

其一，风险分散，通过在不同的行业进行投资，哈默能够分散单一市场的风险，确保整体业务的稳定性。

其二，资源优化，多元化经营使得哈默能够更有效地利用资源，如资金、技术和人才，从而提高整体运营效率。

其三，市场机会，不同行业在不同的经济周期中可能面临不同的市场机会，哈默能够灵活调整战略，抓住有利可图的机会。

其四，财务稳健，多元化经营有助于企业在面临某一行业衰退时，通过其他行业的盈利来维持财务稳健。

除了以上两位企业家之外，杰伊·普利兹克（Jay Pritzker）也是利用多元化策略发展了自己的商业帝国。普利兹克是美国有名的企业家和慈善家，以其对建筑和设计领域的贡献而闻名。他最为人所知的成就之一是创立了普利兹克奖（The Pritzker Architecture Prize），这是国际上最为著名和最有声望的建筑奖项之一，常被誉为"建筑界的诺贝尔奖"。

普利兹克的商业帝国的建立和成功，很大程度上归功于他的多元化投资策略。这种策略不仅帮助他在不同行业间分散风险，还使他能够在面对市场波动时保持企业的稳定和增长。

普利兹克家族的房地产业务是其商业帝国的基石之一。他们在美国和全球范围内拥有大量的商业和住宅物业，这些投资不仅为家族带来了稳定的现金流，也为其财富的增长提供了坚实的基础。

普利兹克对酒店业的投资尤其值得关注。他在1957年收购了凯悦酒店，并将其发展成为全球知名的连锁酒店品牌。凯悦酒店的成功不仅在于其高品质的服务和舒适的住宿环境，还在于普利兹克对市场趋势的准确把握和对品牌建设的重视。

在食品行业，普利兹克家族也有显著的投资。他们通过收购和运营多个食品品牌，如洛克伍德公司，进一步扩大了商业版图。这些投资不仅增加了家族的资产，也使他们能够在食品行业中占据一席之地。

金融服务是普利兹克商业帝国的另一个重要组成部分。他们通过投资银行、保险和其他金融服务公司，进一步多元化了其投资组合，并在金融服务领域取得了成功。

除了商业活动，普利兹克也非常注重社会责任和文化贡献。他创立的普利兹克奖是建筑领域最高的荣誉之一，表彰了在全球范围内，建筑设计领域作出杰出贡献的建筑师。这一奖项不仅提升了建筑艺术的地位，也体现了普利兹克对文化和社会发展的关注。

强强联手，1+1＞2

> 在商业领域中，合作是成功的关键因素之一。然而，真正高效的合作并不仅仅是简单地将各方的资源进行物理性的叠加，而是要更加深入地挖掘和利用每一方的独特优势。当合作伙伴能够识别彼此的强项，并将这些优势有效地结合起来时，就会产生协同效应，这种效应使得整体的成效超出了单纯资源加总的预期。

在优秀的合作关系中，双方不仅分享各自的资源，如资金、技术、市场信息等，更重要的是双方共享智慧和经验，共同创新解决方案，以应对商业挑战。这种合作模式鼓励双方进行深度沟通，理解对方的需求和能力，从而找到最佳的协作点。

比如，爱迪生与金融大亨摩根的联合。

著名的发明家爱迪生与当时的金融巨头摩根之间有过一次历史性的合作。这一合作不仅仅是两位伟人之间的个人联盟，更是科技创新与金融资本的结合，它在很大程度上推动了当时美国乃至世界工业和经济的发展。

爱迪生以其在电力、录音和电影等领域的众多创新而闻名于世。他的发明不仅极大地提高了人们的生活质量，也为工业化时代的到来提供了技术基础。然而，要将这些革命性的发明转化为广泛应用的技术和产品，需要大量的资金支持。这正是J.P.摩根发挥作用的地方。

J.P.摩根的摩根财团在当时是世界上最大的金融机构之一。摩根以其精明的商业头脑和对金融市场的深刻理解而著称，他投资了许多重要的工业项目，对美国乃至全球的经济发展产生了深远的影响。

当爱迪生与J.P.摩根携手合作时，他们共同创建了爱迪生电灯公司，这家公司后来发展成了通用电气公司（General Electric Company），它是世界上最大的电气设备和服务提供商之一。J.P.摩根为爱迪生的发明提供了必要的资金支持，使得这些发明得以大规模生产和推广。这种合作模式不仅加速了新技术的商业化过程，也为投资者带来了丰厚的回报。

再比如，巴菲特与查理·芒格的合作是投资界中最为成功且备受尊敬的伙伴关系之一。这两位投资大师不仅在商业上取得了巨大的成功，而且在长达数十年的合作中，他们共同塑造了一种独特的投资哲学，这种哲学在全球范围内受到了广泛的赞誉和追随。

沃伦·巴菲特，作为伯克希尔·哈撒韦公司（Berkshire Hathaway Corporation）的董事长和首席执行官，以其精明的投资决策和长期持有策略闻名。他的投资风格侧重于价值投资，寻找那些被市场低估的公司，并持有这些公司的股票几年，甚至几十年。他的投资哲学强调了基本分析的重要性，以及对公司管理层的信任和对公司业务的深入理解。

查理·芒格（Charlie Thomas Munger），作为伯克希尔·哈撒韦公司的副主席，是巴菲特的长期合作伙伴和朋友。芒格以其深思熟虑的决策过程和对复杂问题的深刻洞察而著称。他提倡多学科的思维模式，鼓励投资者从不同学科汲取智慧，以形成更全面、更深入的分析和判断。

巴菲特和芒格的合作始于1959年，当时巴菲特邀请芒格加入他的投资合伙企业。从那时起，两人就开始共同管理资产，分享投资理念，并在多个项目上合作。他们的合作不仅仅局限于伯克希尔·哈撒韦内部，还包括对外的慈善活动，尤其是通过"捐赠誓言"倡议，鼓励亿万富翁将大部分财富捐赠给慈善事业。

巴菲特和芒格的投资策略虽然有着共同的基础，但两人在某些方面也有不同的侧重点。例如，巴菲特更倾向于投资那些具有强大品牌和稳定现金流的公司，而芒格则更加重视企业的估值和长期潜力。不过，他们都认同投资应该是基于彻底的研究和非情绪化的决策。

利用金融工具，成倍扩大战果

> 善于利用金融工具，将会使你的商业帝国更上一层楼。

在商业领域，企业和投资者们经常寻求各种方法来增强他们的资本效益和市场竞争力。其中，金融工具的使用成了一种重要的手段，通过这些工具，他们能够在保持风险可控的同时，有效地放大自己的财务成果。

这种策略允许企业在金融市场上进行更为灵活的操作，比如通过借贷来增加资本投入，或者通过投资于高收益但风险较高的资产来追求更大的利润。同时，企业也可以通过对冲策略来减少潜在的市场风险，确保在面对不确定性时，能够保护自身的财务安全。

在19世纪末至20世纪初的时期，风险资本并未像今天这样广泛存在和被普遍接受。这个时期，许多创业者和企业主都面临着资金筹集的难题，因为当时的金融体系并不像现在这样对创新和创业友好。然而，伟大的发明家与实业家爱迪生先生，作为一位有前瞻性的创业者和企业家，却能够敏锐地预见到风险资本在推动创新和技术发展中的关键作用。

爱迪生深知，为了实现他的众多发明并将其商业化，他需要大量的资金支持。因此，他开始与风险投资者建立合作关系，通过这种方式为自己的发明和企业筹集到了必要的资金。那些风险投资者愿意承担一定的风险，因为他们看到了爱迪生的发明和技术的巨大潜力，他们期待未来可能获得的高额回报。

如前篇所述，通过与摩根的合作，爱迪生不仅获得了资金支持，还获得了宝贵的商业建议和资源。这些商业建议和资源，对于爱迪生的发明和企业的发展起到了至关重要的作用。它们帮助爱迪生更好地理解市场，更好地推广他的发明，更好地管理他的企业。

在拥有了充足的资金支持之后，爱迪生得以实现一系列雄心勃勃的计划。他建立了大规模的生产设施，包括工厂和实验室，这些设施的建立，使得他能够更加高效地进行生产和研发，从而不断推动他的创新向前发展。

爱迪生的商业成功，也为他的投资者带来了丰厚的回报。随着电力产业的发展和电灯泡等产品的普及，投资者看到了他们的投资带来的实际效益。

因此，爱迪生与摩根的合作，不仅仅是一场强强联手，更是爱迪生巧妙充分地利用了金融这个强有力的工具。

第六章

敢作敢为，看准机会果断出手

不要放过任何一个小机会

> 看不起小机会的人，也将同样看不见大机会。

每一个细微的机会中都可能蕴藏着巨大的潜力和价值。因此，对于那些渴望成功和增长的企业和个人来说，把握并充分利用每一个小机会是至关重要的。这不仅仅是为了敏锐地捕捉市场动态，更是要以一种积极主动的心态，去发现那些可能被忽视的机遇。

在竞争激烈的商业环境中，许多成功的企业都是从抓住一个小小的机遇开始，逐步发展壮大的。这些机遇可能是一个新的市场需求、一个技术创新，或者是一个未被充分开发的客户群体。它们可能并不显眼，但对于那些有洞察力和行动力的商业人士来说，这些小机会就像是一颗颗种子，只要得到适当的培育和投入，就有可能长成参天大树。

为了不错过这些小机会，企业需要培养一种持续学习和观察的习惯，时刻关注行业趋势、消费者行为和技术进步。同时，企业还需要建立灵活的决策机制，以便快速响应市场的变化，抓住短暂的机遇窗口。

钢铁大王卡耐基之所以能获得日后的巨大成就，与他不放过任何一个小机会有关。

卡耐基1835年出生于一个苏格兰的古镇丹弗姆林,他的父亲威廉·卡耐基是一个纺织工人。随着工业革命的技术发展,机器逐渐取代了人工,工人的境遇变得越来越糟糕。

日子一天天过去,卡耐基一家一直过得不怎么样,父亲失业在家,整个家庭都被笼罩在一层看得见的饥饿与恐慌当中。然后,他们决定移民美国。

来到美国之后,父亲重操旧业,挨家挨户地去推销自己的手工制品,但效果并不理想,有的时候忙活一天,一毛钱都没有进账。

眼看家里的唯一经济来源陷入了无望,卡耐基的母亲和他本人不得不出来找点活干,以贴补家用。母亲开始给人修鞋子,经营杂货店,而只有十几岁的卡耐基呢,第一份工作就是在蒸汽纺织厂当工人,后来又去了一家工厂烧锅炉。

有一天,卡耐基得到了一个机会——他的姨夫带来了一个好消息,电报公司在招工,在招聘男孩子当通信员,卡耐基的姨夫恰好和电报公司的一位经理认识,便将卡耐基推荐了上去。

电报是一个新兴的行业,在当时来讲是一种高科技,就像人工智能之于今天的世界一样,因此,电报也被称为"维多利亚时代的互联网"。

晚年的卡耐基回忆起这份经历时,将其称为"迈出了真正的人生第一步",他说:"就是这么一个不经意的小事,成就了最具纪念意义的瞬间。年轻人应该牢记,上天赐予我们的最好礼物,往往就蕴涵在小事当中。"

通信员的工作可以说改变了卡耐基,至少他是一份体面的工作,不用每天再和臭烘烘的机器打交道了。

一年半之后,卡耐基成了一名正式的电报操作员,很快就成为其中的佼佼者,客户满意度很高,因为很多时候,客户都会点名要求卡耐基来为他们接收电报。其中有一位客户成了卡耐基命运的一个转折点,也是他人生中的一位导师,他就是托马斯·斯科特(Thomas Scott)。

斯科特是一家铁路公司的高管,他在接触到年轻的卡耐基后,觉得这小伙子不错,抗压能力强,于是将他从电报公司挖到了自己的铁路公司。

卡耐基似乎天生就具有管理的天赋,他在铁路公司混得风生水起。在斯科特外出的期间,曾有铁路发生了事故。卡耐基并没有因此而乱了阵脚,不仅解决了因为事故导致的火车停运,还亲自调查了事故的起因,惩罚了事故责任人。

除了上面的例子,我们再来看看发生在中国改革开放之后的例子。

在改革开放初期,义乌还只是一个普通的农业县,资源并不丰富,地理位置也不算得天独厚。然而,正是这个不起眼的地方,凭借着一股不服输的精神和对商业机遇的敏锐洞察,逐渐发展成了国际知名的小商品贸易中心。

义乌小商品市场最初只是一个规模不大的市场。然而,随着时间的推移,它经历了持续的发展和扩张,最终发展成了全球最大的小商品批发市场。这一转变并非一蹴而就，而是通过不断更新换代、扩建工程，以及积极应对互联网经济带来的挑战，义乌小商品市场才实现了稳健的增长。

义乌的成功，首先得益于其独特的市场定位。在市场经济的大潮中，义乌人抓住了小规模、多样化商品的商机，将传统的小商品交易发展成为一种规模化、专业化的市场运作模式。他们不断探索市场需求，勇于创新经营理念，通过建立大型的小商品批发市场，吸引了来自全国各地乃至世界各地的商人。

随着时间的推移，义乌不仅在商品种类上做到了丰富多样，还在服务上进行了创新。他们提供了一站式的采购服务，让买家可以在一个地方采购到几乎所有他们需要的商品，极大地方便了国内外的采购商。此外，义乌还建立了完善的物流体系，确保商品能够快速、高效地送达全球各地。

在数字化浪潮的冲击下，义乌小商品市场并没有止步不前，相反，它通过拥抱新技术，整合线上线下资源，成功适应了新的市场环境。这种前瞻性的思维方式和灵活的应变能力，使得义乌小商品市场不仅保持了其传统的商业活力，还在全球范围内树立了新的商业标杆。

从数据上看，义乌小商品市场的成就尤为显著。根据统计，市场的成交额在短短14年间（从2006年到2020年）实现了惊人的增长，从415亿元激增至1884亿元，增长了3.5倍。这一数字的增长不仅仅是量变，更是质的飞跃，它体现了义乌小商品市场在全球贸易中的重要地位和影响力。

义乌的成功充分证明了，即使是最微小的起点，只要不断探索，勇于创新，适应市场的变化和需求，也能成就巨大的商业奇迹。义乌小商品市场的发展历程，不仅是一个地方市场的壮大史，更是一部关于商业智慧和市场适应能力的生动教科书。它向世界展示了，通过不懈努力和持续创新，小规模的市场同样能够在全球舞台上绽放光彩，成为引领行业发展的先锋。

敢于冒险，才有机会获得成功

> 没有冒险精神的人，注定只是这个世界舞台上的配角，他永远也成不了主角。

成功往往与愿意冒险紧密相连。这是因为商业环境充满了不确定性和竞争，只有那些敢于挑战现状、不畏失败的企业家和管理者，才能在市场的大浪淘沙中抓住机遇，最终取得令人瞩目的成就。

敢于冒险意味着愿意接受新的挑战和尝试未知的领域。在商业世界中，创新是推动公司发展的关键因素。那些敢于突破传统思维限制、勇于探索新市场和新业务模式的公司，往往能够引领行业潮流，创造出独特的竞争优势。这种对未知的勇敢探索，虽然伴随着风险，但也可能带来巨大的回报。

冒险精神还体现在对失败的态度上。在商业实践中，失败是不可避免的一部分。然而，那些敢于冒险的企业家和管理者通常会将失败视为学习和成长的机会，而不是终点。他们分析失败的原因，从中吸取教训，并将这些经验应用到未来的决策中，从而不断提高自己的商业智慧和决策能力。

作为标准石油公司的创始人，洛克菲勒以其非凡的商业才智和对石油行业的深刻理解，成功地构筑起了一个庞大的商业帝国。他的成功并非偶然，而是基于他对市场的精准判断和对风险的大胆承担。洛克菲勒深知，商业世界中的每一个机遇都伴随着风险，而他敢于面对这些风险，并且能够从中捕捉到巨大的商机。

在洛克菲勒的职业生涯中，他经常强调"风险越高，收益越大"的理念，这不仅是他的投资信条，也是他商业哲学的核心。他认为，只有那些敢于在高风险的情况下进行投资的人，才有可能获得超出常规的收益。这种思维方式使得洛克菲勒在石油行业中屡屡取得成功，他的公司也因此成了当时世界上最大、最有影响力的石油企业之一。

在南北战争接近尾声的时期，洛克菲勒已经通过精明的投资和经营手段，积累了一笔相当可观的财富。这笔财富成了他日后商业帝国的起点，被他视为启动资金。洛克菲勒的眼光并未局限于眼前的小利，他开始思考如何让这笔资金增值，如何利用它来撬开通往财富帝国的大门。

他的目光投向了炼油产业。石油，这个在当时已经不再是新鲜事物的资源，其实早在古代就被人们发现并开采出来，只是当时的人们并未意识到这种带有刺鼻气味的物质能有何用途。然而，随着时间的推移，石油的潜在价值逐渐被人们认识。

在那个时代，美国的原油开采业已经相当发达，市场上充斥着大量的原油供应，许多投资者都投身于这一行业，市场似乎已经趋于饱和。许多人建议洛克菲勒也加入挖油的行列，但他凭借敏锐的商业洞察力，意识到单纯挖掘原油并不是一个长久之计。因为原油开采的门槛相对较低，只要有足够的资金，任何人都可以进入这个行业。根据经济学的基本原理，当市场上的供应过剩时，产品的价格必然会下跌，最终导致利润空间的压缩，甚至无利可图。

因此，洛克菲勒展现出了他的先见之明。他决定不走寻常路，不投身于原油的开采，而是转向炼油业务。他的决策不仅是基于对市场的深刻理解，还因为他所处的时代背景。实际上，这样的决策是需要一定勇气和冒险精神的。

当时，世界正处于第二次工业革命的浪潮之中，这一革命也被称为"电气革命"。尽管电灯等电气设备正在被发明和改进，但电力的普及还需要时间，大多数家庭和企业仍然依赖煤油灯进行照明。因此，煤油成了当时社会的刚需商品。

洛克菲勒看到了这一点，他意识到炼油业务不仅能够为他带来丰厚的利润，还能够让他在新兴的能源行业中占据一席之地。他的这一决策，最终奠定了他在炼油产业中的地位，开启了他通往财富帝国的宏伟篇章。

尽管很多人会认为，是洛克菲勒的先见之明开创了他的商业帝国，但换句话讲，很多时候，在未来还未发生的时候，先见之明往往也等同于冒险。

比尔·盖茨与巴菲特是这个世界上最成功的商人,他们在很早的时候也曾有过交集。

在1991年,比尔·盖茨和巴菲特有过一次重要的相遇。

在这一次相遇中,比尔·盖茨向巴菲特提出了一个请求,他希望巴菲特能推荐一本对商业有深刻见解的书籍。巴菲特没有丝毫犹豫,他立即将自己手头的一本书送给了比尔·盖茨,并对他说:"我知道你一定会喜欢它,这本书就是写给你看的,也是写给我看的。"这本书,就是《商业冒险》。

比尔·盖茨在读完这本书后,立刻给予了它极高的赞誉,甚至称它为"我所读过最好的商业书"。这种评价来自一位对商业有深刻理解的人,无疑使这本书的价值倍增。即使20年后,他依然坚持这一评价,这足以证明这本书的影响力和价值。

《商业冒险》被商业巨子们反复推荐,他们将之列为"必读书单"。很多人都会好奇,它何以得到如此殊荣?

答案在于作者约翰·布鲁克斯(John Brooks)。作为《纽约客》(*The New Yorker*)的知名财经作家,他在这本书中揭示了一个关于商业的洞见:商业成败并不取决于时髦的理论,而是由那些充满缺点的人来决定的。这是一个深刻的观点,它挑战了我们对于商业的许多传统认知。

约翰·布鲁克斯强调,无论商业的形式如何改变,在其中起到决定性力量的人性不会变。人性的复杂性和不可预测性,使得商业充满了未知和冒险。因此,"商业是一场冒险"成为对商业经营具有永恒借鉴意义的洞察。

无论是比尔·盖茨还是巴菲特,在他们的一生中,富于冒险的精神都是不可或缺的,也正是这种精神,带给了他们今天的成就。

当然,冒险并不是鲁莽,而是在理性思考之后,为自己的选择或决策负责任的一种态度。正如"虽千万人吾往矣",既然理性思考过决定要去冒险,那就不要畏首畏尾,毫不犹豫地去吧!

远大梦想不可笑,愿景驱动

> 无论何时、何地,许多商业上的奇迹都源于早年的一次"梦想大燃烧"。愿景驱动的企业不仅能够取得商业上的成功,还能够推动整个社会向更好的方向发展。

1963年,一个历史性的时刻在华盛顿纪念碑前上演。马丁·路德·金,这位伟大的民权领袖,站在众人面前,激情洋溢地发表了他著名的演讲——"我有一个梦想"(*I Have a Dream*)。这场演讲不仅成了美国历史上的一个重要时刻,而且使这句话深入人心,为世界各地的人们所熟知。

尽管马丁·路德·金的演讲引起了广泛的共鸣,但在他的生活中,他也曾遭受到许多人的嘲笑和质疑。这些人往往对有梦想的人嗤之以鼻,认为他们过于天真或不切实际。然而,他们所不知道的是，在这个世界上取得巨大成功的人，无一例外地在很小的时候都拥有过远大的梦想。

无论是科学家、艺术家、企业家，还是社会活动家，他们都曾经怀揣着梦想，勇敢地追求自己的目标。这些梦想，或许在很多人看来是那么的遥不可及，仿佛天方夜谭。然而，正是这些看似不可能实现的梦想，激发了他们内心最深处的潜能，驱使他们不断努力，不断追求。

在商业领域，愿景是一个强大的驱动力。它不仅仅是一个企业或个人所期望的未来景象，更是激励他们不断前行的动力源泉。而愿景的本质，就是梦想。

比如本书前面提到的亨利·福特，他之所以创办福特公司，其实和他早年的梦想不无相关。亨利·福特从小就表现出对机械和技术的浓厚兴趣。他的这种兴趣在他成长的过程中逐渐发展成为对工程和制造的热爱。福特的早期工作经历进一步加深了他对机械的理解和技术的掌握。

福特年轻时曾在一艘蒸汽船上工作，负责操作和维护船上的引擎。这段经历让他对内燃机的工作原理有了深入的了解，也培养了他对机械维修和改进的技能。

后来，福特转入电气行业，成为一名电气工程师。他在爱迪生照明公司（后来的爱迪生通用电气公司）工作，这使他接触到了当时最前沿的电气技术，并了解了大规模生产和电力系统。

这些早期的工作经历不仅为福特提供了宝贵的实践经验，也为他后来的汽车事业奠定了坚实的技术基础。他对机械的深刻理解和对电气技术的熟悉,使他能够在汽车设计和生产中进行创新。

福特的梦想是制造一种既实用又经济的汽车,让普通家庭都能够负担得起。他认为,通过大规模生产和降低成本,汽车可以成为普及的交通工具。他相信汽车不仅能够改变人们的出行方式,还能够推动社会和经济的发展。

再比如,贝索斯对太空探索的热情和愿景同样体现在他创立的蓝色起源(Blue Origin)上。这家公司成立于2000年,旨在推动太空旅行的商业化,并最终实现太空探索的普及化。

蓝色起源是商业太空旅行领域的先行者之一。贝索斯相信,通过商业化太空旅行,可以降低太空探索的成本,使之更加可行和普及。这一愿景与他对于技术和创新的长期投资理念相一致,旨在推动人类进入一个新的太空探索时代。

贝索斯不仅在言语上表达了对太空探索的支持,还通过大量个人财富的投入来推动蓝色起源的研究和发展。他出售了部分亚马逊股票,以资助蓝色起源的太空项目,这体现了他对这一事业的承诺和信心。

蓝色起源正在开发可重复使用的火箭技术,以降低太空旅行的成本。公司的目标是让太空旅行变得更加经济和安全,从而吸引更多的参与者和投资。通过商业化太空旅行,蓝色起源希望能够激发公众对太空探索的兴趣,并推动相关技术的发展。

贝索斯的最终目标是实现太空探索的普及化。他认为,通过降低成本和提高安全性,太空旅行可以成为普通人也可以参与的活动。这一目标与他对于"提高人类生活质量"的愿景相吻合，他相信太空探索将为人类带来新的机会和挑战。

被誉为"梦想家"的马斯克更是如此，马斯克坚信，为了人类文明的长期存续，我们需要成为能够在多个行星上生存的物种。这一愿景推动了 SpaceX 的成立，该公司专注于开发可重复使用的火箭技术，以降低太空探索的成本，并最终实现人类登陆火星的目标。这种长远的视角使得 SpaceX 在技术创新和太空探索方面取得了显著成就。

特斯拉的成立和发展成为推动可持续能源解决方案的典范。特斯拉不仅生产电动汽车，还涉足太阳能产品和储能系统，旨在减少全球对化石燃料的依赖，并推动可再生能源的使用。马斯克的这一愿景不仅推动了特斯拉的发展，也对全球能源结构的转型产生了深远影响。

马斯克的商业活动不仅关注短期利润，更关注技术和社会发展的长远影响。他的公司通过创新产品和服务，如 SpaceX 的星链项目和特斯拉的 Autopilot 自动驾驶辅助系统，正在塑造未来的生活方式和社会结构。

马斯克的愿景驱动思维方式为企业家和商业实践者提供了重要启示：

其一，长远规划，成功的企业需要超越短期利益，制定并执行长远的发展规划。

其二，创新驱动，持续的技术创新是企业持续增长和保持竞争力的关键。

其三，社会责任，企业应当承担起社会责任，通过产品和服务为社会和环境的可持续发展做出贡献。

其四，愿景传达，领导者需要清晰地传达企业的愿景和使命，以激励团队并吸引支持者。

其五，适应变化，在追求长期愿景的过程中，企业需要灵活适应市场和技术的变化。

在兴趣点上发力，减少摩擦

> 对任何一个人来说，自己的兴趣爱好和工作一致都是幸运的。

在人的一生中，找到能够真正让自己心潮澎湃的幸福之事，实是一件难能可贵的经历。其中，最让人感到幸福和满足的，莫过于能够将自己深爱的兴趣转化为自己的职业。这样的转变不仅能够带来内心的满足感，还能在实际工作中减少许多不必要的摩擦和阻力。

当一个人的工作与其兴趣相符合时，他往往会在工作中投入更多的热情和创造力。这种内在的动力是任何外在激励所无法比拟的。因为当工作不再是一种负担，而是一种享受时，人们在工作中遇到的挑战和困难就不再是令人畏惧的障碍，而是成为推动自己前进的动力。

在面对困难和挑战时，那些将兴趣转化为事业的人往往不会轻易退缩。他们对于自己选择的领域有着深厚的了解和热爱，这种情感让他们在遇到挫折时，能够更加坚定地站在自己的立场上，勇敢地面对并克服困难。他们知道，每一次的挑战都是成长的机会，都是通往成功的必经之路。

在商业中，很多成功的商人都因为将自己的事业与兴趣结合在了一起，才形成最大的合力，最终不仅赚到了钱，还让自己的人生更具价值。

比尔·盖茨的成功其实在很多年前就初见端倪，在13岁时，他就开始了编程生涯，这是一个非常早的开始，尤其是在当时计算机还非常罕见和昂贵的年代。他在学校的计算机实验室里接触到了编程，并迅速展现出对计算机科学的浓厚兴趣和天赋。这段早期经历为他后来的事业打下了坚实的基础。

盖茨对个人电脑革命的远见是他成功的关键因素之一。他相信个人电脑将成为家庭和办公室的常见设备，并预见到软件将成为这一革命的核心。这种远见促使他和保罗·艾伦共同创立了微软公司，并专注于开发个人电脑软件。

盖茨在年轻时就展现出了非凡的商业头脑和雄心壮志。他预言自己将在25岁成为百万富翁，微软公司的成功，特别是MS-DOS和Windows操作系统的普及，使他的预言成了现实。

通过在正确的时间进入市场，比尔·盖茨不仅在技术上取得了先机，也在商业上取得了巨大成功。微软的产品推动了个人电脑的普及，同时也为微软建立了强大的市场地位。商业成功为盖茨积累了巨额财富,并使他成了全球最知名的企业家之一。

在中国,这样的例子也不胜枚举。小米的创始人雷军对智能手机和消费电子产品的深厚热情不仅是他职业生涯的驱动力,也是他创立小米公司的初心所在。小米公司自成立之初,就以其独特的商业模式和对高性价比产品的不懈追求,迅速在市场上崭露头角。

在雷军的领导下,小米不仅是一家智能手机制造商,更是一家综合性的消费电子公司,涵盖了从智能穿戴设备到智能家居产品的一系列电子产品。小米的成功在于其对市场需求的敏锐洞察,以及通过互联网销售模式的创新,实现了与消费者的直接连接,从而能够更快速地响应市场变化,提供符合消费者期望的产品。

随着时间的推移,小米公司不仅在国内市场取得了巨大成功,更是将其影响力扩展到了全球范围。它的产品远销海外,赢得了世界各地消费者的认可。小米的品牌 IP 也逐渐在全球范围内树立起了良好的声誉,成为一个全球知名的电子产品制造商。

雷军本人也因其对行业的前瞻性思维,被誉为中国乃至全球科技界的领军人物。他对于企业愿景的坚持,使得小米不断推动行业创新,为消费者带来更多高质量、高性能、价格合理的电子产品,同时也为全球消费电子市场的发展作出了重要贡献。

丁磊是一位对互联网技术和在线游戏充满热情的企业家,正是这份热爱激发他创办了网易公司。网易公司自成立之初,便以提供创新的互联网服务为己任,不断探索和发展。在丁磊的领导下，逐步成长为中国乃至全球互联网行业的佼佼者。

伴随着丁磊的热情，网易公司不仅在在线游戏领域取得了显著的成就，还在电子邮件服务、新闻门户、电子商务等多个互联网领域展现出了强大的竞争力和影响力。网易公司的成功，离不开丁磊对于互联网技术发展的深刻理解，他能够准确把握市场脉动，推出一系列符合用户需求的产品和服务。当然，最重要的是，他本身对这些就很有兴趣。

在丁磊的带领下，网易公司始终坚持技术创新，致力于为用户提供更加丰富、高效、便捷的互联网体验。无论是在游戏开发上的精益求精，还是在其他互联网服务上的不断创新，网易都展现出了其作为行业领导者的实力和担当。

如今，网易公司已经成为中国乃至全球互联网技术公司中的一颗璀璨明星，它的成功不仅是丁磊个人梦想的实现，更是对中国互联网行业发展的重要贡献。

如今我们看这些人的成就非凡，就好似看着一座大山一样。但我们都知道，市场充满了不确定性和困难，如果不是因为兴趣，他们很可能在半道上就放弃了。

长期视角，潜力才是王道

> 鼠目寸光，只看得到眼前仨瓜俩枣的人，纵使能获得成功，很多时候也只是昙花一现。唯有坚持长期主义，才能在竞争激烈的时代不下牌桌。看得远才能走得稳，看得远才能走得准。

与短期的成就相比，一个企业或个人的长期潜力和持续竞争力更能决定其最终的成功与否。在这个快速变化的时代，许多企业可能会追求即时的利益和短期的增长，但那些能够超越眼前利益，专注于未来发展的公司往往能够获得更加持久和显著的成就。

长期视角意味着企业需要制定和遵循一个长期的战略规划，这个规划不仅要考虑当前的市场状况，还要预测和准备未来可能出现的变化。这种策略性的思考能够帮助企业把握市场的脉络，识别新的机遇，并且在面对竞争和挑战时，保持灵活性和适应性。

潜力在这里是指一个企业的成长能力，包括其公司架构的稳定性、市场扩张的可能性、产品和服务的改进空间，以及员工的发展潜力等。一个企业如果能够在这些方面不断进步，就能够在未来的市场竞争中占据有利位置。因此，真正的王者不是那些仅仅依靠现有成就而沾沾自喜的企业，而是那些有着强大内在潜力，能够不断创新和适应市场变化的企业。

巴菲特在评估潜在投资时，总是首先寻找那些内在价值高于市场价格的公司。他认为，内在价值是公司未来现金流的保障，这需要对公司的财务状况、业务模式、行业地位和增长潜力进行深入分析。巴菲特的目标是找到那些可能被市场低估的公司，并以合理的价格进行投资。

与短期交易不同，巴菲特更倾向于长期持有股票。他认为，频繁买卖股票会增加交易成本，并可能导致投资者错过长期增长机会。通过长期持有，能够享受复利效应，并给予公司时间来实现其内在价值。

巴菲特在投资决策中非常看重公司的竞争优势。他认为，拥有强大品牌、专利技术、市场主导地位或其他持久竞争优势的公司更有可能在未来保持盈利能力和增长。这些公司能够在市场变化中保持稳定，并为投资者提供持续的回报。

巴菲特认为，优秀的管理团队对于公司的成功至关重要。他在投资时会评估公司管理层的诚信、能力和资本配置决策。巴菲特倾向于投资那些由他信任和尊重的管理者领导的公司。

巴菲特对市场波动持有独特的看法。他认为，市场波动为价值投资者提供了以更低价格购买优质股票的机会。他鼓励投资者利用市场的非理性行为，而不是被其所左右。

在这么多年的投资经历中，巴菲特很多时候都能找到那个值得他长期关注与投资的企业，其中最为众人所知的就是对可口可乐的投资。

巴菲特在20世纪80年代末开始购买可口可乐的股票，并长期持有。巴菲特看重的是可口可乐强大的品牌、全球分销网络和持续的现金流。尽管市场有波动，可口可乐的股票还是为巴菲特的伯克希尔·哈撒韦公司带来了长期稳定的回报。

巴菲特在20世纪60年代初期就开始投资美国运通公司，并在随后的几十年中持续增持。他看中了运通公司作为金融服务公司的特许经营权和品牌价值。即使在2008年金融危机期间，巴菲特也没有出售美国运通的股票，而是选择了增持，这一决策最终证明是正确的。

巴菲特对富国银行的投资始于20世纪80年代，并在2008年金融危机后加大了投资力度。巴菲特认为富国银行在零售银行业务方面具有竞争优势，并且管理团队优秀。尽管近年来富国银行面临一些争议和挑战，巴菲特依然保持了对该公司的投资。

巴菲特对苹果公司的投资相对较晚，但他在2016年开始购买苹果股票后，逐渐将其建立为伯克希尔最大的单一股票投资之一。巴菲特认为苹果公司拥有强大的品牌、大量的忠实用户和持续的创新能力。尽管苹果的业务模式与传统的价值投资理念有所不同，但巴菲特仍然看到了其长期增长的潜力。

近几年，华为作为中华民族品牌的骄傲逐步活跃于世界的舞台。任正非作为华为技术有限公司的缔造者，以其卓越的远见和坚定的决心，将华为引领至全球通信技术的前沿。自公司成立之初，任正非便坚信自主研发和创新是企业生存和发展的根本。他深知，唯有掌握核心技术，才能在激烈的市场竞争中立于不败之地。

在全球化的大潮中，华为面临着来自国际市场的种种挑战，包括政治、经济、文化等多方面的压力。然而，任正非并未因此动摇，他始终坚守长期主义的经营理念，不为短期的利益所诱惑，而是持续投入研发，不断推动技术创新。他的这种坚持不仅体现在对产品的精益求精上，更体现在对企业文化建设的重视，以及对人才培养的投入上。

任正非深知，构建企业的全球竞争力不是一朝一夕之功，而是一个长期而艰巨的任务。因此，他带领华为坚持不懈地探索国际市场，积极适应不同国家和地区的市场环境，同时积极参与制定国际规则，以提升华为的国际影响力。

在任正非的领导下，华为不仅在国内市场取得了显著的成绩，更在全球范围内赢得了广泛的认可和尊重。华为的产品和技术解决方案已经遍布世界各个角落，成为全球众多运营商和企业的首选合作伙伴。

谢如栋，作为遥望科技的董事长兼首席执行官，可能很多人都没听说过此人的名字，但他作为年轻有为的80后，也相信长期价值的力量。谢如栋对于企业的发展有着独到的见解和坚定的信念。在这个快速变化的时代，许多人和企业都在追逐所谓的"风口"，希望通过抓住一时的机遇迅速崛起。然而，谢如栋并不认同这种做法。他认为，真正的成功来自长期的努力和坚持，而不是一时的繁荣。

在谢如栋的领导下，遥望科技没有盲目追随市场的短暂热潮，而是专注于构建稳固的系统和平台。他深知只有建立起强大的基础设施，才能在激烈的市场竞争中站稳脚跟，实现可持续发展。因此，他投入大量资源进行技术研发，优化公司的运营流程，提升用户体验。

特别是在直播电商这一新兴领域，谢如栋看到了巨大的潜力和机遇。他认为，直播电商不仅是一种销售手段，更是一种全新的互动体验和品牌建设的方式。因此，他坚持通过创新和优化，不断提升遥望科技在直播电商领域的竞争力。公司不仅搭建了先进的直播平台，还培养了一支专业的主播团队，为用户提供高质量的内容和服务。

正是这种长期主义的坚持和对系统建设的投入，使得遥望科技在直播电商领域取得了显著的成就。在谢如栋的带领下，公司不仅赢得了市场的认可，也获得了用户的信任和支持。遥望科技的成功案例充分证明了，通过坚持长期主义和不断建立完善的系统与平台，企业能够在竞争激烈的市场中脱颖而出，实现长远的发展。

第七章

稳中求胜，一生只做好一个行业

不盲目跟风，选准自己的赛道

> 盲目跟风不会让你赚到大钱，反而可能会让你陷入巨大的竞争之中，选准自己的赛道，是成功的第一步。

在商业领域，一个成功的关键策略是避免盲目地追随他人脚步，而要明智地选择适合自己的市场定位和发展方向。这意味着企业和个人需要对市场进行深入的分析，识别自己的优势和潜力，并据此确定一个与众不同的竞争赛道。

"不盲目跟风"要求商界人士时刻保持清醒的头脑，不被市场上的热门趋势或竞争对手的行为所左右。这需要企业领导者具备独立思考的能力，能够透过现象看本质，分析哪些趋势是短暂的炒作，哪些才是市场真正的需求和潜在的增长点。

选准自己的赛道意味着要找到与企业资源、能力和长远目标相匹配的市场领域。这可能需要企业进行内外部环境的综合评估，包括自身的技术实力、资金状况、品牌形象，以及外部的行业发展趋势、消费者需求变化等因素。通过这样的分析，企业可以确定一个具有竞争力的市场细分，从而在这个领域精耕细作，建立起自己的品牌优势和市场地位。

范蠡，也就是陶朱公，他在《商训》中提到"妄动则误事多"说的其实也是这个意思，不要头脑一热就扎进人群堆中，也不要盲目跟风。

卡耐基早期的时候日子过得很苦，因为他并非出身名门，家庭环境并不太好。然而自从他遇到斯科特之后，便时来运转，主要是因为斯科特觉得这个小伙子很棒，培养一下日后必成大器。

后来，斯科特带卡耐基抓住了一次投资机会。原来，有一家快递公司和自己的铁路公司签了一份合同，铁路公司允许这家快递公司使用自己的铁路线路，在费城与匹兹堡之间运送货物，作为回报，铁路公司的高管就可以以个人的名义投资这家公司。

这几乎就是一个稳赚不赔的项目，因为当时的美国正处于发展当中，在运输行业，无论是铁路还是快递，都是稳赚不赔的生意。斯科特作为铁路公司的高管，自然是知道的，但他将这件事告诉给了卡耐基，甚至主动借给卡耐基500美元作为启动资金。

当卡耐基收到第一笔10美元的投资收益时，还不到20岁的他就像是打开了一扇新世界的大门一样，他说道："我明白了，这是一只会下金蛋的母鸡！"

卡耐基窥到了资本背后的力量，这无疑对他的内心造成了一次冲击，他非常感谢斯科特这位人生导师。在他的回忆录中，他说道："在我的眼中，斯科特就是伟人，也正是我年轻时英雄偶像的具体化身。接触不久，我便感觉他将成为宾夕法尼亚铁路公司的总裁，而后来他确实坐上了这把交椅。"

1865年，在铁路公司干了12年的卡耐基决定要自己去创业。当时南北战争刚刚结束，战争带来了大量的机会，人心皆动，都想在这一片大好的机会中成为那只"风口上的猪"。实际上，这个时候的他，已经成了原公司的高管，也已经见识到了资本世界的疯狂与魔力。可是，卡耐基并非是一个甘居人下的人，他心中有理想，有期盼。另一方面，他也明白，如果没有一份属于自己的事业，那么他这一生所获得的成就也十分有限。

创业并不是一件容易的事，此时的卡耐基做好准备了吗？

老实讲，并没有。或者说，他觉得时机还不成熟。

卡耐基从很小的时候就出来工作了，因此也没受过多少教育。他觉得，知识的匮乏很可能在未来成为挡住他继续上跳的天花板。因此在铁路公司辞职后，他用了7年的时间学习，他先是和朋友用了一年的时间在欧洲旅行。

这场欧洲之行也让卡耐基看到了欧洲的疲软，与美国不一样。在美国，商业处于蓬勃发展的阶段，人们心中似乎充满了欲望与热情。

在这7年中，卡耐基没有闲着，从欧洲回来后，他又投资了很多公司。到了1872年，卡耐基觉得时机已经成熟了，便全身心投入到了自己的事业——钢铁行业之中。在此之前，卡耐基已经开始涉足钢铁行业。比如在欧洲旅行期间，他考察了伦敦的钢铁研究所，买下了道茨兄弟发明的一项钢铁专利，还买下了焦炭洗涤还原法的专利。

在时机成熟之前，卡耐基已经进行了充分的考虑。他在选择自己行业的时候，首先排除了石油公司，因为当时的石油公司龙头是洛克菲勒，洛克菲勒已经成了当时世界上的庞然大物，若是自己真的进入石油领域，要么被干掉，要么被洛克菲勒收购。无论是哪种结果，都是他不愿意看到的。

其次，卡耐基排除了铁路行业。因为他之前就在这个行业干过，这个行业的风险比较高，且一开始需要庞大的资金启动。

金融行业也不可行，因为当时已经有了摩根这样的巨头。

最后，卡耐基将目光锁定在了钢铁行业。因为不论是什么行业，铁路公司也好，建筑公司也罢，都需要优质的钢铁作为原材料。而且最重要的是，一个工业强国必然要建立在以石油和钢铁立根支柱的工业产品上，既然石油已经有人干了，那自己就选择干钢铁吧。

当时随着技术的发展，在1856年已经出现了一项重要的技术突破，即贝塞麦转炉炼钢法，这是英国的威廉·凯利在19世纪40年代末首次发明的。该技术的出现，首次解决了大规模生产液态钢的问题，奠定了近代炼钢工艺方法的基础。由于空气与铁水直接作用，贝塞麦转炉炼钢法具有很快的冶炼速度，成为当时主流的炼钢方法。

若在此时进入钢铁行业，可以说天时地利人和皆备。

也正是因为卡耐基的慎重考虑，没有盲目朝着人多钱多的地方挤，在选准自己的赛道后踏踏实实，一步一个脚印，才有了他日后的成就。

规模效应，将你的优势放大无数倍

> 规模效应是企业成长的加速器，它通过降低成本、提高效率和增强市场影响力，为企业的持续发展和行业领导地位提供坚实的基石。

规模效应是发展经济学概念，它指的是当企业的生产规模扩大时，单位产品的成本随之下降，从而使得企业能够在市场上获得更大的竞争优势。这种现象通常发生在生产、采购、研发、市场营销等多个环节。随着规模的扩大，企业可以更高效地利用资源，减少浪费，实现成本的节省。

通过规模效应，企业可以将自身的优势放大无数倍。例如，一个拥有大规模生产线的企业，能够以更低的成本生产出更多的产品。因为它们可以批量购买原材料，从而获得更优惠的价格，同时分摊固定成本，如设备折旧和工厂维护费用。此外，大规模生产还可以提高生产效率，因为企业可以通过标准化流程和自动化技术来减少人工错误，提高生产速度。

除了生产成本的降低，规模效应还可以增强企业的市场影响力。大规模的企业通常拥有更强的品牌认知度和市场渗透力，这使得它们能够更容易进入新市场，吸引更多的消费者，并通过大量的广告和促销活动来巩固其市场地位。

让我们再次回到洛克菲勒的创业历程。

在19世纪末到20世纪初，标准石油公司在其全盛时期，几乎垄断了美国的石油产业，洛克菲勒的公司控制了美国石油行业90%的市场份额，这一数字令人震惊，无疑展现出了一个商业巨无霸的形象。洛克菲勒不仅创造了一个庞大的商业帝国，更是以一己之力，打造出了一个蔓延多方甚至能够影响政治的商业网络。那么，他究竟是如何做到这一点的呢？难道在这个竞争激烈的市场上，就没有其他的竞争者吗？

实际上，竞争者一直都存在，但是，他们要么在初创时期就被洛克菲勒的公司所击败，要么就是在竞争中被洛克菲勒的大公司所吞并。洛克菲勒的策略非常明确，他通过兼并和收购那些小型的炼油公司，从而将几乎所有的同类企业都合并成一家大公司。

由于涉及垄断，当时的美国人还是对洛克菲勒的巨大帝国产生了疑问。对此，洛克菲勒并没有做出什么反应，他说："有时关于我们的传言挺残酷也挺伤人的，但我从来不是一个悲观主义者，我从不绝望。我相信所有事情的最终结果都将有利于所有人。我决定保持沉默，希望在我死后真相能逐渐浮出水面，后人们能做出严格的判断。"

山姆·沃尔顿（Sam Walton）无疑是将规模效应发挥到极致

的商业巨匠，他不仅创立了沃尔玛（Walmart），更是将其打造成了一个全球知名的零售连锁帝国。沃尔玛的成功故事，在全球商业史上留下了浓墨重彩的一笔，其成就在很大程度上得益于精妙的规模经济策略。

山姆·沃尔顿先生深谙规模经济的重要性，他通过在国内外多个地点开设大型商店，巧妙地实现了成本效益的最大化。这种策略的核心在于，随着企业规模的扩大，单位产品的成本会逐渐降低，从而使得企业能够以更有竞争力的价格向消费者提供商品，同时还能保持较高的利润率。

沃尔玛的商业模式，特别是在采购、物流和分销环节的高效运作，为公司带来了显著的成本优势。通过大规模采购，沃尔玛能够与供应商谈判，得到更低的价格，而高效的物流系统则确保了商品能够迅速、低成本地从仓库运送到各个门店。此外，沃尔玛还采用了先进的信息技术系统，对库存进行精确管理，减少了库存积压和相关成本。

除了成本控制，沃尔玛还注重市场的扩张。通过不断开设新店，沃尔玛能够触及更多的顾客群体，增加市场份额。这种扩张策略不仅提升了品牌的知名度，也为企业带来了更多的收入来源，进一步巩固了其在零售行业的领导地位。

顺丰快递创始人王卫，也是一位凭借规模效应在商业领域取得显著成功的企业家。

顺丰快递自成立以来，始终致力于构建一个覆盖广泛的服务网络。通过在不同的地区设立分支机构和物流中心，顺丰能够为客户提供更为便捷、高效的寄递服务。这种策略不仅增强了顺丰在国内市场的竞争力，也为公司的国际扩张奠定了坚实的基础。随着服务网络的不断扩大，顺丰快递能够触及更多的客户群体，从而实现业务量的快速增长。

除了服务网络的拓展，王卫还非常注重物流技术的研发和应用。顺丰快递在行业内率先采用了先进的信息化管理系统，实现了对包裹流转过程的实时监控和管理。此外，顺丰还积极引入自动化设备和智能分拣系统，大幅提高了包裹处理的效率和准确性。这些技术的应用，不仅提升了客户的服务体验，也降低了运营成本，为顺丰公司在快递市场的扩张提供了有力支撑。

王卫的这种以规模效应为核心的商业模式，使得顺丰快递在竞争激烈的快递市场中迅速崛起，成了行业的领军企业。通过不断的服务网络建设和物流技术创新，顺丰快递实现了业务的快速增长，同时也为公司赢得了更多的市场份额，展现了王卫作为商人的卓越智慧和远见。

飞轮效应，日积月累的优势积累

> 飞轮效应揭示了成功企业的内在动力，一旦开始加速，每一步努力都会为下一步增长注入动能，直至形成势不可挡的发展势头。

飞轮效应，这一概念源自物理学中的"飞轮原理"，指的是一个物体在受到外力作用后，随着时间的推移，其运动状态会逐渐改变，最终达到一个稳定的状态。在商业和管理学中，飞轮效应被用来比喻一个组织或系统在长期的努力和积累下，逐渐形成的一种自我增强的正向循环。

这种效应的核心在于"日积月累"的优势积累。就像飞轮一样，开始推动时需要巨大的努力，但随着时间的推移，每一分力量都会转化为动能，使得飞轮转动得越来越快，直至达到一个高速稳定的旋转状态。在这个过程中，初期的努力可能看似微不足道，但它们并非无用功，而是为后续的发展打下了坚实的基础。

在商业实践中，飞轮效应体现在企业通过不断的小改进和优化，逐步建立起的竞争优势。这些优势可能是产品质量的提升、客户服务的改善、生产效率的增加或者品牌认知度的提高。每一项改进，虽然可能在短期内影响有限，但随着时间的积累，它们共同构成了企业的核心竞争力，使得企业在市场中的地位日益稳固，增长势头愈发明显。

贝索斯所创立的亚马逊将飞轮效应发挥到了极致。通过其多元化的业务模块相互促进，成功构建了一种独特的飞轮效应，这一战略不仅巩固了公司在市场中的领导地位，而且为持续增长提供了强大的动力。

其中，Prime会员服务是"亚马逊飞轮"的核心组成部分。通过提供包括免费快速配送、视频流媒体服务和独家优惠等在内的一系列特权，Prime会员服务极大地提升了顾客的购物体验，增强了他们对亚马逊品牌的忠诚度。这种增强的忠诚度不仅促使现有会员增加在亚马逊平台的购买频次，也鼓励他们增加每次购物的金额，从而为亚马逊带来了更高的销售额和更稳定的收入流。

随着Prime会员服务的成功，亚马逊吸引了更多的第三方卖家加入其Marketplace平台。这些第三方卖家的加入，进一步扩大了亚马逊的商品种类和库存量，使得消费者能够在一个平台上获得几乎无限的商品选择。这种商品多样性和选购便捷性进一步吸引了更多的顾客，同时也为第三方卖家提供了巨大的市场潜力和销售机会，形成了一个互利共赢的局面。

此外，亚马逊的AWS云服务也是其飞轮效应中不可或缺的一环。AWS 为企业提供了强大的云计算能力和各种技术支持，帮助它们在亚马逊的平台上更高效地运营。随着越来越多的企业选择 AWS 作为其云服务提供商，亚马逊的云业务不仅获得了巨大的增长，也为其他业务模块如 Prime 会员服务和 Marketplace 平台提供了强大的技术支持和数据处理能力。

当然，随着飞轮效应这个概念的传播，目前已经有很多企业家都在运用，比如华为的任正非。众所周知，华为每年的研发费用占比很高。华为官网显示，华为近 10 年累计投入的研发费用超过 11,100 亿元人民币；2023 年，研发费用支出为 1,647 亿元人民币，占全年收入的 23.4%；截至 2023 年 12 月 31 日，研发员工约 11.4 万名，占总员工数量的 55%；截至 2023 年底，华为在全球共持有有效授权专利超过 14 万件。

有些人不理解为何华为要将这么多的费用用于研发，实际上，这正是飞轮效应的应用。

通过这种持续不断的资金注入，华为成功构筑起了一道坚固的技术门槛，这不仅确保了其在技术创新方面的领先地位，而且使得其能够提供高品质的产品和服务，满足甚至超越消费者的期待。

随着华为产品的广泛推广和销售，其优质的产品和服务逐渐在消费者中树立起了良好的市场口碑。这种正面的品牌形象进一步推动了用户基数的增长，吸引了越来越多的消费者选择华为的产品。用户基数的扩大，不仅为华为带来了稳定的收入，更重要的是，它印证了生产的规模经济效应。规模越大、生产量越多意味着生产成本尤其是单位产品的成本降低，从而提高了生产效率和利润率。

这样的规模经济效应为华为提供了更大的利润空间，使其能够在保持竞争力的同时，实现更高的盈利。这些利润并没有被华为简单地储存或用于其他非核心业务领域，而是再次投入到研发中。这种对研发的持续投资，不仅保持了华为在技术上的领先优势，还形成了一个良性的增长循环。这个循环保证了华为能够不断地推出创新产品，满足市场需求，同时也确保了公司的长期可持续发展。

作为全球知名半导体巨头的英特尔公司（Intel），其成功的背后离不开飞轮效应。这一效应在英特尔从存储芯片市场向微处理器市场业务的转变中得到了充分体现。在这个过程中，英特尔不仅仅是简单地改变了产品线，而是通过不断的研究与开发（R&D）和技术创新，确保了其产品在技术上始终保持着行业领先的地位。

英特尔的研发团队不断地推陈出新，引入先进的制造工艺，开发出性能更强、能效更高的微处理器。这些创新不仅提升了产品的市场竞争力，也使得英特尔能够吸引并保持一大批忠实的客户群体。随着产品性能的不断提升，英特尔的微处理器逐渐成了个人电脑、服务器以及其他电子设备的核心组件，进一步巩固了其在市场中的主导地位。

此外，随着产量的增加，英特尔实现了规模经济的优势。这是因为固定成本（如研发费用、设备投资等）在更多的产品上分摊，导致每个产品的成本下降。这种成本优势使得英特尔能够在价格上更具竞争力，即使在面对激烈的市场竞争时，也能够保持较高的利润率。

网络效应，让用户自发地在你生态圈里安家

> 网络效应下，每个新用户的加入不仅放大了平台的价值，更在协作与互联的浪潮中，推动了整个生态系统的指数级增长。

网络效应，在经济学中也被称为网络外部性或需求侧规模经济，是指一个网络的价值随着使用它的用户数量增加而增加的现象。在许多现代技术和服务中，网络效应起着至关重要的作用，尤其是在社交媒体、通信服务、在线市场和共享经济平台等领域。

当一个网络的用户基础扩大时，它为每个现有用户和潜在用户提供的价值也随之增长。这种价值的增加可以通过几个不同的机制来实现。首先，用户数量的增加意味着更多的互动和连接机会，这可以增强用户的体验和满意度。例如在社交网络上，用户

越多，人们就越有可能找到并连接到他们的朋友、家人和同事，从而增加了网络的吸引力。

当然，网络效应还可以通过提供更多的辅助服务和产品来增加网络的价值。随着用户数量的增长，第三方提供商可能会被吸引到这个网络中来提供服务或产品，这些服务或产品进一步增强了网络的功能和吸引力。例如，应用程序开发者可能会为一个有大量的潜在用户基础的流行操作系统开发新的应用程序。

此外，网络效应还可能导致正反馈循环，即用户数量的增加吸引更多用户加入，从而进一步增加用户数量。这种自我强化的过程可以帮助某些网络迅速增长并主导市场。

有很多朋友会将网络效应与规模效应搞混，认为它们是一回事。实际上，两者有着本质的区别。

网络效应指的是某种产品或服务的价值，随着使用该产品或服务的用户数量增加而增加的现象。这种效应通常在用户之间存在互动的市场中更为显著，如社交媒体平台、通信服务等。网络效应的存在往往会导致"赢家通吃"的市场格局，即市场上的领先者会因为用户基数大而越来越强，最终可能形成垄断。

规模经济则是指企业随着生产规模的扩大，单位产品的成本下降，从而实现经济效益的提升。规模经济通常与生产效率的提高、固定成本分摊、供应链优化等措施相关。规模经济在许多行业中都有体现，不仅限于技术或互联网行业，还有制造业、农业等。

刘强东是中国知名电子商务企业京东集团的创始人。他通过创办京东这一电商平台，成功地将消费者与供应商紧密地连接起来，创造了一个全新的在线购物模式，这一模式不仅为消费者提供了极大的便利，也为供应商打开了一扇通往广阔市场的大门。

在刘强东的领导下，京东利用网络效应，实现了商品的快速配送和多样化供应。京东通过不断扩大其用户基础，吸引了更多的供应商加入其平台，从而使得商品种类更加丰富，满足了不同消费者的需求。同时，京东还建立了一套高效的物流体系，确保商品能够在短时间内从供应商处送达消费者手中，这种快速配送服务极大地提升了消费者的购物体验。

此外，刘强东还注重技术创新和数据分析，通过对用户行为和市场趋势的深入分析，不断优化京东的运营效率和服务质量。他的这些举措不仅巩固了京东在电商行业的领先地位，也为中国乃至全球的电子商务发展树立了标杆。

程维作为滴滴出行这一知名移动出行服务平台的创始人，成功地将现代科技与人们的出行需求紧密结合。他的创新思维和商业模式彻底改变了传统的打车方式，无论是在城市的喧嚣街道上，还是在偏远的乡村小路上，滴滴出行都能够提供快速响应的服务。

滴滴出行利用先进的大数据分析和算法优化，实现了对乘客和司机需求的精准匹配，从而极大地提高了出行效率。这种基于互联网的平台服务，不仅让乘客享受到了前所未有的便利，也为司机提供了更多的工作机会和灵活选择的工作时间。

随着用户基数的不断扩大,滴滴出行的网络效应开始显现。平台上的每一名新用户,都会为既有用户带来额外的价值,因为更多的人使用同一平台,就意味着乘客可以更快地找到车辆,而司机也可以更快地找到乘客。这种正反馈循环使得滴滴出行在出行市场中迅速占据了领先地位,成了行业内的佼佼者。

程维的成功不仅在于他创立了一个连接千万用户的移动出行平台,更在于他对于市场需求的深刻洞察和对未来趋势的准确把握。在他的领导下,滴滴出行不断创新,推动了整个出行行业的变革,为用户提供了更加安全、便捷、高效的出行服务。

萨提亚·纳德拉(Satya Nadella)作为微软的现任首席执行官,自担任这一职务以来,他的战略眼光和领导才能对公司的转型和成功起到了决定性的作用。在他的领导下,微软大力推动了其云服务平台——Azure 的发展,这一平台已经成了公司增长的重要驱动力。

纳德拉上任后,迅速认识到了云计算在当代技术行业中的重要性,并决定将微软的重点转移到这一领域。他不仅推动了 Azure 的技术革新,还通过一系列的战略合作和并购,加强了微软在云计算领域的竞争力。Azure 的推出和发展,正是基于对网络效应的深刻理解和利用。在云计算市场中,随着越来越多的企业和个人用户选择 Azure 作为他们的云服务提供商,Azure 的价值和市场份额也随之增长。

纳德拉的领导策略并不局限于技术的改进和市场的扩张，他还强调了企业文化的重要性。他推崇一种学习至上的文化，鼓励员工不断学习和创新，这种文化的转变进一步促进了微软在云计算以及其他技术领域的创新和成长。

在纳德拉的领导下，微软的云服务 Azure 不仅在技术上取得了显著的进步，而且在商业上也取得了巨大的成功。Azure 的成功，证明了纳德拉对市场趋势的敏锐洞察力和对网络效应的有效利用，使得微软在云计算市场中占据了一席之地，并且持续扩大着其影响力。

第八章

抑奢从俭，勤俭是致富的根本

降本增效，优化才是硬道理

> 优化之道，在于精打细算，降本增效，方显企业经营之智慧。

在当今竞争激烈的商业环境中，企业要想获得成功和可持续发展，关键在于不断追求成本的降低和效率的提升。这一理念被广泛认为是企业运营管理的核心原则，它强调了在任何商业活动中，无论是生产、销售还是服务，都必须致力于优化流程和资源配置，以实现更高的经济效益和市场竞争力。

降低成本并不意味着简单地削减开支或牺牲产品质量，而是要通过精细化管理，识别和消除不必要的浪费，提高资源的使用效率。这可能涉及采用新技术，改进生产流程，或者重新设计产品和服务，在确保不牺牲质量的前提下，最大限度地减少成本。

同时，提高效率意味着要确保每个环节都能以最少的时间和资源投入产生最大的产出。这通常需要对工作流程进行细致的分析，找出瓶颈所在，并通过合理的调整和优化，使整个系统运行得更加流畅和高效。

在这个过程中，优化是硬道理，它要求企业不断地审视和改进自身的运营模式。这种持续的优化不仅包括内部的流程和系统，还包括对外的供应链管理、客户关系管理以及市场营销策略等方面。通过对这些关键领域的不断优化，企业能够更好地适应市场变化，快速响应客户需求，从而在激烈的市场竞争中保持领先地位。

张瑞敏是一位杰出的企业家和管理者，作为海尔集团的创始人，在他领导下的海尔集团不仅在国内外市场上取得了显著的成就，而且在管理创新方面也走在了前列。张瑞敏深知，企业的持续发展和竞争力的提升，离不开对内部管理和运作模式的不断革新。

为了实现这一目标，张瑞敏提出了"人单合一"的管理模式。这一模式的核心理念是将员工的利益与企业的发展紧密结合起来，通过激发员工的创业精神和主动性，推动企业的内部创新和效率提升。在"人单合一"模式下，每个员工都被视为独立的创业者，他们不仅要完成自己的工作任务，还要关注成本控制和效率提升，从而在个人和团队层面上实现自我价值的最大化。

张瑞敏坚信，通过实施"人单合一"模式，可以有效地推动企业内部创业，鼓励员工积极思考，主动寻找市场机会，开发新产品，提供新服务，从而为企业带来新的增长点。同时，这一模式还促进了组织结构的优化，打破了传统的层级制度，使得决策更加迅速，响应市场变化的能力更强。

在张瑞敏的领导下，海尔集团通过"人单合一"模式的实施，有效地降低了运营成本，提高了工作效率。员工在追求个人利益的同时，也在无形中推动了企业的整体利益，实现了双赢的局面。这种模式不仅提升了海尔集团的市场竞争力，也为其他企业提供了一种创新的管理思路，对于推动整个行业的发展具有重要意义。

一直以来，小米的优势就是高性价比。要做到这一点，企业内部的管理就必须要朝着降本增效的道路不断探索。其创始人雷军及其团队采取了一系列重要的组织和管理措施。

为了进一步优化资源配置，提高运营效率，公司决定成立一个专门的工作小组，专注于推进和实施降本增效的各项措施。这个被命名为"降本增效专项组"的工作小组，在公司对内提升管理水平、对外增强竞争力方面有着重要作用。

为了确保这一战略能够得到有效执行，小米公司特别指派了集团的首席财务官（CFO）林世伟出任该专项组的组长。林世伟在财务管理和企业运营方面拥有丰富的经验和卓越的能力，他的领导和指导对于推动降本增效工作至关重要。作为专项组的负责人，林世伟不仅需要制定详细的工作计划和目标，还需要协调各部门的资源，确保各项措施得以有效实施。

在林世伟的带领下，降本增效专项组对公司的各个环节进行全面审视，从采购、生产、物流到销售等各个链条，寻找成本节约的潜在空间，并采取切实有效的措施来降低不必要的开支。同时，专项组也重点关注了流程优化和技术创新，通过引入先进的管理理念和技术手段，提高工作效率，实现成本的进一步降低。

为了保障降本增效工作的透明度和执行力，林世伟将定期向集团经营管理委员会汇报工作进展和成果。这种直接的汇报机制有助于集团高层及时了解降本增效工作的具体情况，确保各项措施得到高效执行，同时也便于高层对工作方向和策略进行调整和指导。

为了进一步提升公司在竞争激烈的市场环境中的决策效率，以及确保决策的质量能够达到更高的标准，雷军决定亲自担任集团经营管理委员会和人力资源委员会的主任职务。集团经营管理委员会和人力资源委员会的职责范围涵盖了公司运营的各个方面，包括但不限于战略规划、资源配置、人才发展和组织架构优化等关键领域。通过这样的安排，雷军不仅能直接参与公司的核心决策过程中，还能够确保这些决策更加符合公司的整体战略方向和长远目标。这一重要的组织结构调整，是小米公司战略发展计划中的关键一环。

雷军的亲自参与，无疑为决策过程带来了更高的权威性和执行力。这种紧凑的决策结构，有助于缩短决策时间，提高反应速度，从而使得小米公司能够更快地响应市场的变化，抓住商机，同时也能够更好地应对可能出现的挑战。

此外，雷军在人力资源管理方面的深厚经验和独到见解，有助于公司在人才引进、培养和激励等方面作出更为精准和有效的决策。这对于一个以创新和技术为核心驱动力的公司来说，至关重要。

为了进一步推动企业的知识共享和经验传播，小米公司采取了一系列积极的措施。公司内部发起了一个特别的活动，鼓励员工们积极提出和分享降低成本、提高效率的实践案例。这些案例经过精心筛选后，被整理成具体的操作指南和最佳实践，进而在全公司范围内进行推广。

这样的举措，不仅有助于构建一个开放和协作的工作环境，还能够有效地激发员工的创新精神和积极性。员工通过分享自己的成功经验和创新方法，不仅能够得到来自同事的肯定和鼓励，也能促进知识和经验的广泛传播，使整个团队受益。

这种以案例为基础的学习和交流方式，能够帮助员工更直观地理解如何在实际工作中实现成本降低和效率提升，从而更好地将理论与实践相结合。通过这种互动式的学习过程，员工不仅能够吸取他人的经验教训，还能够在实践中不断提升自己的专业能力和解决问题的能力。

无疑，企业想要降本增效来优化资源，可以多向小米公司学学。当然，有一点非常重要，降本增效的目的是有效提升企业效率，因此，不能为了实现这一目的而本末倒置，采用诸如降低产品质量，在产品中注水等不良手段。

"重复发明轮子"是资源无效的浪费

> 在商业的赛道上，"重复发明轮子"是对创新资源的极大亵渎，唯有站在巨人的肩膀上，才能实现效率与智慧的双重飞跃。

不断地重新研发已有的解决方案，尤其是那些已经被广泛采用并且证明是有效的解决方案，实际上是对资源的巨大浪费。这种做法不仅会导致不必要的时间和金钱的消耗，而且还会分散企业的注意力，使其无法专注于创新和改进现有的产品或服务。

当一个企业选择重新发明轮子时，它可能会忽视市场上已经存在的成熟技术或方法。这种重复的行为往往源于对现有解决方案的不了解，或者是因为企业内部的创新文化促使其寻求自行研发而不是利用现成的资源。然而，这种做法往往会带来高昂的成本，因为企业需要投入大量的人力、物力和财力来开发一个已经有现成替代品的产品或服务。

此外，重新发明轮子还可能导致企业在市场竞争中落后。在快速变化的市场中，时间就是金钱，而将宝贵的时间和资源投入到重复的开发工作中，就意味着错过了优化现有产品、探索新市场或提高服务质量的机会。这种滞后可能会让竞争对手抓住机会，推出更先进的产品或服务，从而削弱企业的市场地位。

因此，为了避免资源的无效浪费，企业应该更加重视对现有技术和解决方案的了解和利用。通过评估市场上的现有资源，并与之整合或集成，企业可以更加高效地利用其资源，加快产品上市速度的同时降低成本。这不仅有助于企业在激烈的市场竞争中保持竞争力，还能够促进整个行业的健康发展，避免不必要的资源浪费。

在20世纪80年代，IBM作为全球计算机行业的巨头，推出了自己的个人电脑产品，这一举措在当时无疑是计算机科技领域的重大突破。与此同时，苹果公司已经在市场上销售其标志性的Apple Macintosh电脑，这款产品以其独特的设计和用户友好的界面而闻名，引起了广泛的关注和好评。

然而，IBM在设计自己的个人电脑时，并没有选择从苹果的设计中汲取灵感，而是决定另起炉灶，从头开始设计自己的产品。这意味着IBM需要投入大量的时间、精力和资源来开发一个全新的产品，而不是利用已有的技术和设计理念。这种做法，虽然体现了IBM对于产品创新和自主研发的坚持，但无疑也是对资源的极大浪费。

如果IBM能够借鉴苹果的设计，或许能够更早地推出产品。在那个时代，时间就是金钱，尤其是在竞争激烈的计算机市场上，快速推出新产品往往意味着能够更早地占领市场份额，从而在竞争中占据优势。如果IBM能够在产品设计上采取更为开放的态度，吸收和融合行业内的优秀设计元素，那么它不仅能够节省研发成本，还能够加快产品的上市速度，这对于提升市场竞争力将是非常有利的。

在当今的企业和组织中，"重复发明轮子"的问题经常发生，这种现象不仅仅局限于技术或研究领域，更多的时候，它是在企业内部各个部门之间缺乏有效沟通和协调的直接结果。具体来说，不同的部门可能在同一时间内独立地进行相同的工作，或者开发功能相似的产品，这不仅导致了劳动力和时间资源的极大浪费，也可能导致内部竞争和效率低下。

例如，一个部门可能在研发一款新的软件应用，而另一个部门却不知情地也在进行类似的项目。这种重复的努力不仅会消耗双倍的资源，还可能导致市场上出现自家产品之间的不必要竞争，从而影响公司的整体利益。

为了避免这种情况的发生，企业必须采取积极措施来加强内部的沟通和信息共享。这可以通过建立更加高效的信息流通机制来实现，比如定期的跨部门会议、内部通信平台，或者建立一个集中的知识管理系统，确保所有部门都能够访问到最新的项目信息和进度更新。

此外，企业还应该培养一种协作和共享的企业文化，鼓励员工之间的交流和合作，而不是孤立地工作。通过这样的文化氛围，员工分享他们的知识和资源，从而减少重复工作的可能性。

截至 2019 年 6 月 30 日，腾讯的员工总数达到了 5.63 万人。回顾前一年的 9 月 30 日，腾讯经历了一次大规模的组织架构调整。在这次调整中，腾讯并没有选择通过人员团队的移动来效仿其他公司建立技术领域的"大中台"制度，而是决定依靠内部的开源协同机制来实现其独特的"中台"功能，以"减少重复造轮子"为目标。

在这个背景下，腾讯开始更加重视内部的技术协同，并致力于营造一个开放的技术氛围。2019 年 6 月 3 日，腾讯副总裁姚星在腾讯内部技术社区"码客"上发表了一篇文章，强调了开源协同在腾讯研发体系升级中的重要作用。他明确指出，开源协同是实现这一目标的关键方法，其中开源是一种手段，而协同则是最终的结果。

姚星进一步解释了如何平衡"去中心化"和"重复造轮子"的问题。他认为，开源协同是一个非常重要的方法，因为开源的主要目的是减少"重复造轮子"，而协同的目标则是实现"去中心化",以保持快速的响应能力。

腾讯的选择是将希望寄托于内部开源协同的方式,通过鼓励不同团队之间的开放交流和协作,打破传统的部门壁垒,促进跨团队、跨项目的知识流动和技术共享,来实现资源的最大化利用。这种开源协同不仅仅是指代码层面的开源,更是一种工作理念和企业文化,它鼓励团队成员之间分享知识、技术和经验,共同解决问题,从而避免在不同团队之间出现重复劳动的现象,这样的策略不仅能够减少资源浪费,提高研发效率,还能够激发员工的创新潜能,加速新技术的研发和应用。

在实际操作中,腾讯通过建立一套完善的内部开源平台和机制,确保了不同团队能够在一个共同的平台上进行交流合作。这个平台不仅仅是技术的集散地,更是知识和创意的交汇点,使得腾讯能够在激烈的市场竞争中保持活力和创新能力。

勤奋是一种企业家精神

> 勤奋不仅是企业家迈向成功的基石,更是他们在商海中乘风破浪的不竭动力,它铸就了企业的筋骨,点亮了创新的灵魂。

勤奋不仅是一种个人品质,更是一种深植于企业家精神内核的重要特质。在商业世界中,企业家面临着无数的挑战和竞争,

第八章 抑奢从俭,勤俭是致富的根本 —— 149

而勤奋则是他们克服困难、取得成功的关键因素之一。这种精神体现在他们对工作的热情投入，对目标的不懈追求，以及对细节的精益求精。

勤奋的企业家通常早早起床，很晚休息，他们的日程安排紧凑，每一刻都在思考如何改进产品、优化服务、扩大市场份额以及提高客户满意度。他们不满足于现状，总是在寻找新的机会和方法来推动企业的发展。这种不断的努力和探索，是他们区别于其他人的显著特点。

此外，企业家的勤奋精神还体现在对待失败的态度上。他们不畏惧失败，将其视为学习和成长的机会。每当遭遇挫折时，他们都能迅速从中吸取教训，调整策略，再次投入到工作中。这种坚韧不拔的精神，使他们能够在竞争激烈的商业环境中站稳脚跟，甚至最终取得领先。

美国的"建国之父"富兰克林不仅是一位政治家，还是一名出色的商人。他的出生背景并不好，而且是家中的幼子，从小也没有多少接受教育的机会，只在学校度过了两年的时光。

但他没有被短暂的学校生活所限制。相反，他通过自己的努力，不断地阅读各种书籍。从科学到文学，从哲学到政治，无论是经典著作还是当代的论文，他都贪婪地吸取着知识。在他的自传中，富兰克林提到了他自己创建的一个学习计划，这个计划涉及大量的阅读和实践，帮助他掌握新的技能和知识。

年轻的富兰克林最初在一家印刷店工作，作为一名学徒，他需要从最基础的工作做起，学习印刷技术的每一个细节。尽管工作繁重且枯燥，但富兰克林并没有抱怨，反而将这些琐碎的工作视为学习的机会。他不仅快速掌握了印刷技术，还不断地观察、学习和思考，试图了解印刷业的每一个方面。

随着时间的推移，富兰克林的勤奋和智慧逐渐显现出来。他不仅在印刷技术上有了深厚的造诣，还开始对印刷业的经营和管理产生了浓厚的兴趣。他开始尝试着改进印刷流程，提高工作效率，同时还积极地与顾客沟通，了解他们的需求，以此来提高印刷品的质量和服务的水平。

富兰克林对自己的工作非常负责，有一次，他在快要下班的时候，不小心将刚排完版的一页纸搞乱了。他当时感到非常焦急和困惑，因为这一页纸是他当天辛苦排版完成的重要文件。富兰克林并没有将工作留到第二天，而是冷静地坐下来，重新整理和排完这一页。

凭借着对工作的认真与自身的勤奋，富兰克林的印刷店很快就在当地小有名气，吸引了越来越多的客户。然而，他并没有因此而满足，反而更加努力地工作，不断地创新和改进。他的印刷店逐渐成了当地最受欢迎的印刷店之一，而他本人也从一个普通的学徒工，成长为了一位成功的印刷商。

富兰克林坚信，通过不懈的努力和严格的自我约束，一个人不仅能够积累物质财富，还能够塑造高尚的品格。在著作《穷理查年鉴》中，他明确地阐述了这样的观点：勤奋和节俭不仅是聚集财富的有效途径，更是培养个人品德的重要手段。

在富兰克林看来，勤奋是一种积极的生活态度，它要求人们不断地工作和学习，以实现个人的目标和梦想。他本人就是勤奋精神的典范，无论是在工作、科学实验，还是在政治活动中，他都展现出了非凡的精力和毅力。他认为，勤奋不仅能够帮助人们创造财富，更能够提升个人的能力和才智，使人们在社会中站稳脚跟。

而节俭则是富兰克林强调的另一大美德。他认为节俭不仅是为了省钱，更是一种理性消费和自我管理的表现。通过精打细算，合理规划开支，一个人可以更好地控制自己的财务状况，避免不必要的浪费，从而逐渐积累起可观的财富。同时，节俭也能够帮助人们培养自律和责任感，这些品质对于个人的道德修养来说至关重要。

无独有偶，几乎每一位获得成就的企业家都不是懒散的，他们都是勤奋的，并且将勤奋视为一项美德，内化在了自己的生命中。

"陶朱公"范蠡在帮助越王勾践击败吴国后，便选择了隐退，成了一名商人。在范蠡的经商之路上，他始终看中勤奋这一项品质。他认为，商业的成功需要持续不断的努力，做生意要勤奋，懒惰对于生意人是致命的。用今天的话来讲，这种努力不仅体现在长时间的工作和对业务的投入上，还包括对市场动态的持续关注、对客户需求的不断满足以及对产品和服务质量的持续改进。

勤奋还意味着不断寻求创新和改进的机会。商业环境是不断变化的，勤奋的商人需要时刻保持警觉，适应市场的变化，及时调整经营策略，保持竞争力。

鲁冠球是万向集团的创始人和灵魂人物，他的故事是一个充满奋斗和创新的传奇。从最初带领几位农民伙伴，凭借区区4000元的微薄资金，勇敢地创办了一家农机修理厂，到最终建立起一个价值数千亿元的商业帝国，鲁冠球的足迹遍布了企业成长的每一个角落。

在那个物质资源匮乏、经济条件艰苦的年代，鲁冠球凭借着对机械的浓厚兴趣和对事业的无限热情，开始了他创业的旅程。他的成功并非一蹴而就，而是经过无数次的尝试和失败，不断地学习和适应市场的变化，才逐渐将一个小小的修理厂发展成了一个多元化的跨国集团。

鲁冠球的成功之道正在于他勤奋和坚韧不拔的精神：从不畏惧挑战，始终坚持自主创新，不断推动企业的技术升级和管理革新。在他的领导下，万向集团不仅在国内市场上占据了重要地位，更是将业务拓展到了国际市场，成为一个在全球范围内具有影响力的企业。

即使在晚年，鲁冠球依然怀揣着对汽车工业的热爱和梦想，他致力于打造属于中国人自己的新能源汽车。他深知，新能源汽车不仅是未来汽车工业的发展方向，也是实现可持续发展和环境保护的重要途径。因此，他将大量的精力和资源投入到了新能源汽车的研发和制造中，希望能够为中国汽车工业的发展贡献自己的力量。

绿色环保，是未来商业的基本盘

> 在全球化与可持续发展的大潮中，绿色环保早已不是一句口号，而是未来商业模式的核心要素。企业若想在未来市场中占据一席之地，就必须将环保理念融入其运营的每一个环节，从产品设计、材料选择到生产过程、物流配送，再到产品回收和再利用，每一个细节都应体现出对环境的尊重与保护。绿色经济的兴起，预示着新的商机和挑战，而那些能够先行一步，以创新驱动绿色转型的企业，将在这场商业变革中赢得先机，构筑起长远竞争力的基本盘。

绿色环保已经成为当今世界的一个重要议题，它不仅仅是一种生活方式的选择，更是未来商业发展的核心理念。随着全球气候变化的加剧和资源的日益紧张，企业和组织越来越意识到，将环保纳入商业运作中不仅是对社会责任的承担，也是确保企业长远发展和市场竞争力的关键。

在未来的商业领域中，那些能够有效整合绿色环保理念的企业将会获得更多消费者的青睐，因为现代消费者越来越关注产品的环境影响，他们倾向于选择那些对环境友好、可持续的品牌和产品。这种消费趋势迫使企业必须重新审视和调整其生产流程、产品设计以及供应链管理，以确保它们的业务模式能够在减少环境污染的同时，满足市场需求。

此外，政府和国际组织也在通过立法和政策推动绿色环保的商业实践。例如，对污染排放的限制、对可再生能源的补贴，以及对绿色技术创新的支持等措施，都在鼓励企业采取更加环保的经营策略。这些政策的实施，不仅有助于保护环境，也为企业提供了新的商机和竞争优势。

因此，绿色环保已经成为未来商业的基本盘。企业要想在竞争激烈的市场中立足，就必须将环保作为其战略规划的一部分，不断探索和实践更加绿色、可持续的商业解决方案。

现如今，已经有越来越多的企业家和企业将"绿色出行，绿色环保"定位为自己的战略方针。

作为一家具有社会责任感的企业，招商局蛇口工业区控股股份有限公司（招商蛇口）一直致力于传播绿色生活理念，并通过其发起的"绿萝行动"向公众推广环保意识，助力构建低碳社会。在这一背景下，2024年，招商蛇口再次升级其"绿萝行动"，以"绿色生活请接招"为主题，展现了公司对于绿色生活方式的坚定承诺和持续推动力。

为了实现这一目标，招商蛇口动员了旗下多个业务板块，包括房地产、邮轮、酒店等，通过跨板块的合作，形成了一股强大的绿色推动力。公司不满足于单一城市开展活动，还选择了多城市的策略，以确保绿色理念能够在全国范围内得到普及和实践。

同时还考虑到了不同维度的参与，比如政府机构、企业、社区以及个人，确保了活动的全面性和多样性。此外，多业态的参与也使得"绿萝行动"能够在零售、餐饮、娱乐等多个领域产生积极影响。

除了内部的全面升级，招商蛇口还向外延伸其绿色影响力，推出了"绿色质造公约"。这一公约旨在与供应链上下游的企业建立合作关系，共同致力于行业的节能减排。通过这种方式，招商蛇口不仅能在自己的运营中实施绿色策略，还鼓励和引导合作伙伴一起参与节能减碳的行动，从而在整个行业内形成一股强大的绿色转型力量。

2023年7月，安踏集团迎来了一个新的里程碑事件——集团旗下首个可持续运动场正式落成。这一创新项目不仅是对体育设施的一次升级，更是对可持续发展理念的一次深刻实践。

这座运动场的独特之处在于其材料的选用和设计理念。在建造过程中，安踏集团没有选择传统的建筑材料，而是采用了一种环保的再利用方法。他们将回收来的废旧运动鞋底进行再加工，转化为可持续使用的橡胶颗粒。这些经过特殊处理的橡胶颗粒不仅具有良好的弹性和耐用性，还大大减少了对环境的影响，因为它们避免了废弃物的填埋和焚烧，减少了有害物质的排放。

此外，运动场的草坪也体现了安踏集团的环保理念。他们选择了环保草坪，这种草坪不仅外观美观，而且使用寿命长，维护成本低。环保草坪的使用，进一步凸显了安踏集团在可持续发展方面的努力和承诺。

安踏集团的这一举措,不仅展示了其在产品创新和社会责任方面的领导力,也体现了其对于联合国可持续发展目标的积极响应。通过这个项目,安踏集团坚持战略推进ESG(环境、社会和公司治理),将环境保护的理念融入企业运营和产品开发的每一个环节中。

倡导"绿色行动"的目的是为了公众的健康,这种健康除了体现在拥有一个健康安全的环境之外,还体现在对公众的身心健康上,尤其是对于青少年群体。

字节跳动近日宣布了一项重要的公益活动:该公司旗下的抖音官方公益账号正式推出了"暑期网络安全课"系列直播活动,这一举措旨在提升青少年在网络社交领域的安全意识,确保他们在日益数字化的世界中能够享受到一个绿色、健康、高质量的网络生活。

在这个系列直播中,字节跳动特别聚焦青少年网络社交安全的重要议题。随着社交媒体的普及,青少年越来越早地接触到网络世界,他们在网络社交平台上的活跃度也日益增加。然而,网络世界的复杂性和潜在的风险也随之而来,特别是对于青少年这个特殊群体来说,他们可能缺乏必要的判断力和自我保护意识,容易受到不良信息的影响。

因此,字节跳动通过这一系列直播课程,提供了实用的网络安全知识和技巧,教导孩子们如何在网络世界中做出明智的选择,如何识别和避免可能的网络威胁,以及如何处理网络中的不良信息。这些课程内容涵盖了个人信息保护、网络欺诈预防、网络霸凌应对等多个方面，旨在全方位地提升青少年的网络安全防护能力。

　　字节跳动的这一公益行动得到了社会各界的广泛关注和积极评价。家长、教育工作者以及青少年自己都对这些直播课程表示出了浓厚的兴趣。通过这种形式，字节跳动不仅在技术上不断创新，更是在社会责任上承担起了引导和教育下一代的责任，为青少年营造了一个更加安全、健康的网络环境，让他们能够在网络世界中安心成长，享受数字时代的红利。

第九章

未雨绸缪,发现危机并预防危机

风险评估，企业最后的护城河

> 在商业世界中风险评估是很重要的。它不仅为企业构筑起一道坚固的防线，抵御未知威胁的侵袭，更是指引企业稳健前行的灯塔。通过精准的风险评估，企业能够预见潜在的挑战，制定出灵活的应对策略，从而在复杂多变的市场环境中立于不败之地。这种前瞻性的风险管理，不仅保护了企业的即时利益，更为企业的长期发展和品牌信誉提供了坚实的保障。

在当今这个充满不确定性和挑战的商业环境中，风险评估已经成为企业不可或缺的一项关键活动。它不仅仅是一系列程序和技术的集合，更是企业在面对潜在威胁时，保护自己免受重大损失的一道坚固防线。风险评估的过程涉及对影响企业运营的各种因素进行系统的识别、分析和评价，以便制定有效的应对策略。

在这个过程中，企业需要考虑到内部和外部的风险源，包括市场变化、竞争对手的行动、技术革新、法律法规的变动、自然灾害以及其他不可预见的事件。通过对这些风险因素进行深入的了解和评估，企业能够更好地预测并做好准备来应对可能出现的问题，从而保障企业的稳定发展和长期利益。

风险评估的价值在于它能够帮助企业建立起一套完善的风险管理机制，这就像是一条深不可测的护城河，围绕在企业的周围，保护企业免受意外事件的冲击。通过这样的机制，企业能够及时发现风险，采取措施减轻或避免风险的影响，确保企业的资源和资产得到最大程度的保护。

在2008年，法国兴业银行遭遇了一起震惊全球金融界的丑闻。该事件的核心人物是交易员热罗姆·凯维埃尔（Jerome Kerviel），他通过在银行内部进行未经授权的违规交易，最终给银行造成了高达49亿欧元的巨大损失。这一数字在当时是银行业历史上因个人行为导致的最大损失之一，引起了全球范围内对金融市场监管和企业风险管理的深刻反思。

凯维埃尔的行为不仅包括大量的虚构交易和隐藏的投资组合，而且还涉及复杂的金融衍生品交易，这些交易远远超出了他的职责范围和银行的风险管理框架。他的操作手法极其隐秘，以至于银行内部的监控系统在相当长一段时间内未能发现这些异常活动。

这起事件的发生，不仅暴露了法国兴业银行在内部控制、审计和风险评估方面的严重不足，也反映了整个金融行业在面对复杂金融产品和高风险交易时可能存在的监管漏洞。凯维埃尔的行为挑战了银行管理层对风险的认知，以及他们对于潜在欺诈行为的警惕性。

在事后的分析中，许多专家指出，这一事件凸显了金融机构在快速发展和日益复杂的金融市场中，需要更加严格和全面的风险管理措施。这包括加强对交易活动的监控和审查，对交易员的行为进行更为细致的监督，以及对风险评估模型的不断更新和完善。

这起事件不仅在法国国内引起了轩然大波，甚至连当时的法国总统尼古拉·萨科齐（Nicolas Sarkozy）也对此表示了高度关注。监管当局迅速介入，开始对这一金融丑闻进行深入调查，试图查明事实真相并追究相关责任。

然而，法国兴业银行面临的困境远不止于此。当时，美国次贷危机正在全球范围内引发金融市场的动荡，许多金融机构都受到了严重影响。法国兴业银行也不例外，除了因交易员欺诈事件造成的巨额亏损外，还因为次贷危机的影响，额外计提了20.5亿欧元的资产损失。这对于法国兴业银行来说无疑是雪上加霜，使其陷入了前所未有的资金困境。

为了应对这一危机，法国兴业银行紧急采取了措施，宣布通过增发配股的方式再融资55亿欧元。这一举措旨在增强银行的资本实力，以应对可能的流动性风险。同时，法国兴业银行还表示，为了确保银行的稳定和发展，不排斥任何合并或收购的建议，表明了该行在面对困境时的开放态度和决心。

如果对风险置之不理，那么无论是多么强大的企业，都会面临巨大的损失。我们不妨再来看一个例子。

作为国内规模较大的OEM（原始设备制造商）型玩具生产商，合俊集团曾经在玩具制造界享有盛誉。然而，全球金融危机的严重冲击，对合俊集团的运营造成了深远的影响。公司面临着生产成本的持续上涨问题，包括原材料价格的上涨、劳动力成本的增加以及环保法规的严格实施等因素，这些都直接压缩了企业的利润空间。

更为严峻的是，人民币的持续升值对于以出口为主的合俊集团来说，无疑是雪上加霜。人民币升值意味着公司的产品在国际市场上的价格优势减弱，从而影响了公司的出口业务，进一步加剧了资金链的紧张状况。

在这样的背景下，合俊集团试图通过资本运作来寻求突破，孤注一掷地投资矿业，希望能够通过这一高风险的投资获得及时的回报，以缓解日益紧张的资金链。然而，不幸的是，这一投资并未能如预期那样迅速带来收益，反而因为缺乏及时的现金流入而加剧了公司的资金危机。

最终，合俊集团不得不面对残酷的现实，由于资金链的彻底断裂，公司在广东的生产厂无法继续运营，被迫关闭。这一事件不仅对合俊集团本身造成了巨大的打击，也对当地经济和就业市场产生了不小的影响。

反之，如果提前做好风险评估与风险管理，那么企业就相当于有了一道天然的护城河，能够在竞争激烈的市场环境中进退有据。

作为全球知名的玩具制造商，乐高深知在不断变化的市场环境中，有效的风险管理对于企业的稳健发展至关重要。因此，该集团采取了一套全面的风险管理策略，以确保公司能够在充满挑战的商业环境中保持竞争力和持续增长。

乐高集团运用蒙特卡洛模拟技术，这是一种基于概率的数学模型，用于评估不同情况下的风险和不确定性。通过这种模拟，公司能够预测各种可能的结果，并对未来的市场动态做出更为精准的预测，从而更好地规划其业务和财务策略。

此外，乐高集团还实施了主动风险和机会计划，这是一种具有前瞻性的风险管理方法，旨在识别和利用潜在的风险和机会。通过这种方式，公司不仅能够防范可能的威胁，还能够抓住那些可能会带来增长和创新的机会。

为了应对不断变化的市场条件和外部环境的不确定性，乐高集团还专门制定了一套管理流程。这套流程帮助公司识别、评估和监控风险，确保公司能够迅速响应市场变化，并采取适当的措施来减轻不利影响。

乐高集团的战略风险应对措施，确保了公司的长期目标与短期行动的一致性。通过这些综合的风险管理措施，乐高集团成功地将风险管理纳入了公司经营管理的关键规划过程中，公司在制定任何战略决策时，都会考虑到可能的风险因素，并制定相应的应对策略，以减轻这些风险对公司的潜在影响。这令公司能够在不确定性中寻找到成长和发展的机会，确保了其在竞争激烈的玩具行业中的健康、稳定和持续地成长。

制订应急计划，早准备，早安心

> 在不可预测的商业世界中，制订应急计划是企业稳健经营的基石。早准备，意味着在危机降临之前就已经装备好应对的盾牌；早安心，则是这份先见之明给予企业决策者和所有利益相关者的一份宁静。一个详尽的应急计划能够确保企业在面临市场波动、供应链中断或任何突发事件时，能够迅速而有序地作出反应，维持运营的连续性，保护企业免受重创。它不仅展现了企业对潜在风险的深刻理解，也体现了对未来发展的高度责任感。

在任何可能发生紧急情况的领域，制订一个周密的应急计划是至关重要的。这不仅能够帮助个人或组织在面对突发事件时迅速做出反应，还能够最大程度地减少潜在的损失和影响。因此，提前准备、提前规划，是确保安全和平稳运行的关键步骤。

制订应急计划意味着要对可能出现的风险进行详细的评估。这包括了解不同类型的紧急情况，如自然灾害、技术故障、人为错误或其他可能威胁到正常运作的事件。通过识别这些风险，可以有针对性地设计应对措施，确保在紧急情况发生时，有一个清晰的行动方案可供遵循。

早准备还涉及资源的分配和调配,这包括确保必要的物资、设备和人员都能够得到妥善管理,并在需要时能够迅速投入使用。例如,储备足够的急救用品、备用电源、通信工具以及训练有素的应急响应团队,都是提前准备的重要组成部分。

早准备还包括对相关人员进行培训和演练。通过模拟不同的紧急情况,可以检验应急计划的有效性,并提高团队成员对紧急情况的应对能力。这种培训和演练不仅能够增强团队的凝聚力,还能够提高每个人在紧急情况下的自信心和冷静度。

在当今这个互联网技术迅猛发展的时代,企业面临着许多前所未有的挑战和机遇。对于海尔集团而言,这样的挑战同样不可避免。幸运的是,海尔集团并没有被这次危机所淹没,反而通过敏锐地洞察市场趋势,及时地调整了自身的企业战略,成功地避免了可能出现的危机。

停滞不前就意味着落后。海尔集团不但没有满足于成为一家传统的家电制造商,而且还积极拥抱变化,通过不断的创新和转型,实现了企业的跨越式发展。它不再将自己局限于原有的产品线和服务模式,而是转变为一个开放的创新平台,鼓励创意和技术的交流融合,从而推动了新产品、新技术和新业务模式的诞生。

这种转型并非一蹴而就,而是海尔集团经过深思熟虑的战略决策。在这个过程中,海尔不断地探索和实践,勇于打破行业界限,与其他领域的科技巨头、创业公司乃至竞争对手展开合作,共同推动科技进步和产业发展。通过这样的开放合作,海尔不仅拓宽了自己的视野,也为自身注入了新的活力和创造力。

具体来讲，海尔集团不仅拥抱变革，勇于创新，还进行了人才管理体系变革。传统的人力资源管理模式已经难以满足企业的发展和员工的成长需求。因此，海尔大胆创新，建立了一套独特的人才管理体系，这一体系的核心理念是"人人都是创客"和"人人都是CEO"。

在这一人才管理体系下，海尔鼓励每一位员工发挥自己的创造力和创业精神，不仅仅是在自己的工作岗位上完成任务，更是要求他们能够像创业者一样思考和行动，积极参与到企业的创新和决策过程中。这种管理模式打破了传统的层级制度，使得员工不再受限于职位和角色的界限，能够根据自己的兴趣和专长，主动承担更多的责任和挑战。

海尔通过这样的人才管理体系，成功地激发了员工的自主创新能力，每个人都被鼓励去发现问题、解决问题，并在此过程中实现自我价值。员工不再是被动执行命令的对象，而是变成了企业的合作伙伴，他们的创意和努力直接关系到企业的发展。

此外，海尔还为员工提供了一系列的支持措施，包括培训、资源、资金等，帮助他们将创新想法转化为实际的产品或服务，进一步推动企业的创新和发展。这种以员工为中心的人才管理体系，不仅提升了员工的满意度和忠诚度，也为海尔带来了持续的竞争优势，使其能够更加灵活和迅速地应对市场的变化，保持行业领先地位。

正是这种前瞻性的战略规划和灵活的执行力，使得海尔集团能够在激烈的市场竞争中保持领先地位。这样的转型不仅仅适应了互联网时代的发展，更利用了这个时代的机遇，将企业推向了一个新的高度。海尔的成功案例证明，即使是传统行业，只要敢于创新，敢于转型，就能够在变革中找到新的生机，保持并增强企业的竞争力。

前文多次提到的马斯克就是最好的一个例子，马斯克以其对未来科技的敏锐洞察力和不懈追求创新的精神而闻名于世。马斯克的思维方式总是超越常规，他对科技进步的热情和对未知领域的探索，使得他能够在科技革命的浪潮中站在前沿。

在经营企业的过程中，马斯克展现出了他独特的风险管理策略。他总是前瞻性地考虑到可能出现的最坏情况，并针对这些潜在的风险制定了一系列详尽的应对措施。这种前瞻性思维和严谨的风险评估，使得他能够在面临挑战时，迅速作出反应，最大限度地减少损失，确保公司的稳定运营。

在 SpaceX 的火箭发射过程中，技术故障是不可避免的风险之一。然而，马斯克和他的团队通过精心设计的应急预案，以及在发射前进行无数次的模拟测试，确保了每一次发射都能够尽可能地安全和成功。即使遇到意外情况，他们也能够迅速采取措施，控制局势，保护人员和设备的安全。

同样，特斯拉在全球供应链管理方面也面临着巨大的挑战。随着全球化贸易的复杂性增加，供应链中断的风险也随之升高。马斯克通过建立多元化的供应网络，制定灵活多变的物流策略，有效地规避了这些风险。即使在面对突发事件如自然灾害或政治不稳定导致的供应链中断时，特斯拉也能够依靠其周密的应急计划，迅速调整生产策略，保证产品的持续供应，确保公司的长期发展和成功。

同样的，作为宜家的创始人，英格瓦·坎普拉德（Ingvar Kamprad）在公司的早期发展阶段，就已经深刻洞察到全球化商业环境中所蕴含的各种潜在风险。

在这个日益紧密相连的世界里，任何地区的不确定性都可能对全球业务产生影响。因此，坎普拉德深知，为了确保宜家能够稳健地成长并持续成功，必须采取一系列前瞻性的风险管理措施。他不仅关注公司的日常运营，更注重于为可能出现的紧急情况做好准备。

他建立了一个全面的产品召回计划，这个计划确保了一旦宜家的任何产品出现质量问题或安全隐患，公司能够迅速采取行动，从市场上回收有问题的商品，从而最大程度地减少对消费者的影响，并保护宜家的品牌形象。

坎普拉德还制定了一套环境灾害应对策略。这套策略让宜家能够有效地应对如自然灾害、疫情暴发等不可预见的事件，确保公司能够持续运营，同时减少这些事件对供应链和客户的影响。

为了进一步降低风险，坎普拉德推动了全球供应链的多样化布局。这意味着宜家的供应商网络分布在世界各地，而不是过度依赖单一地区。这样的布局不仅提高了供应链的稳定性，还在政治、经济波动或区域性问题发生时，为宜家提供了更灵活的选择和应变能力。

古人常告诫我们"未雨绸缪"，说的也正是这个道理，只有早准备才能早安心，才能在真正面临危机的时候从容不迫，以不变应万变。

配备监控系统，实时跟踪市场方向

> 在瞬息万变的商业环境中，配备先进的监控系统，实现对市场动态的实时跟踪，是企业把握先机、做出快速响应的关键。这样的系统如同企业的敏锐感官，能够捕捉到市场最微小的波动，为客户提供精准的数据分析和趋势预测。通过实时监控，企业能够及时调整战略，优化产品，创新服务，从而在竞争激烈的市场中保持领先。这不仅增强了企业的市场适应性和反应能力，更为企业的长期发展和风险管理提供了强有力的数据支撑和决策依据。

为了确保企业能够持续地保持竞争力和效率，建立一个高效的监控系统是至关重要的。这个系统的核心目的是实时跟踪和分析关键性能指标（KPI）以及市场的最新动态。这些信息对于决策过程来说是不可或缺的，通过这样的监控，企业能够获得宝贵的数据和洞察力。

有效的监控系统包括以下几点：

第一，实时数据获取。系统需要能够实时收集不同来源的数据，包括内部运营数据、客户反馈数据、市场趋势数据等，以便企业能够及时了解当前的情况。

第二，关键性能指标跟踪。企业应该明确哪些性能指标对其业务最为关键，并将这些指标纳入监控系统。这可能包括销售额、市场份额、客户满意度、生产效率等。

第三，数据分析和报告。监控系统不仅要收集数据，还要能够对这些数据进行分析，生成易于理解的报告，使管理层能够快速把握关键信息。

第四，预警机制。系统应该设有预警机制，当关键性能指标出现异常或偏离预定目标时，能够及时发出警报。这样，企业可以在问题变得严重之前采取行动。

第五，灵活性和可定制性。随着市场的变化和企业需求的发展，监控系统应该足够灵活，可以根据需要进行相应的调整和优化。

通过建立这样一个有效的监控系统，企业能够更好地理解其运营状况和市场环境，从而做出更加明智的决策。如果监控系统发现某个产品的销量突然下降，企业可以迅速调查原因，可能是由于市场需求变化、竞争对手的行动，或者是产品本身的问题。然后，企业可以采取相应的措施，如调整营销策略、改进产品或服务，以应对挑战。

雅虎的创始人是杨致远和大卫·费罗，他们在1994年4月共同创立了雅虎互联网导航指南，并于1995年3月注册成立了雅虎公司。最初，雅虎只是一个分类整理和查询网站的软件，这个工具放在斯坦福大学校园网上供人免费使用。随着用户数量的增长，斯坦福大学的服务器和网络逐渐无法承载日益增长的流量，雅虎团队因此决定将雅虎搬离校园，并正式成立公司。

雅虎的鼎盛期是在20世纪90年代中期到2000年之前。在这段时间里，雅虎业务遍布全球24个国家和地区，拥有超过5亿用户，成为全球第一的搜索门户。1996年，雅虎在纳斯达克挂牌上市。雅虎的创始人杨致远和费罗也因此成为亿万富翁，并推动了整个互联网行业的发展。最初，雅虎的自我定位是媒体公司，靠建立门户网站、售卖广告位来赚取利润，因此"提高流量"是其在这一时期的主要目的。

然而，就是这么一个曾经风靡一时的雅虎，却很快衰落下去。有关雅虎为何会衰亡的原因有很多，但有一点是因为其对市场反应迟钝，未能及时跟上市场的步伐。

2006年，当Facebook还在起步阶段，尚未成为后来的那个全球性的社交网络帝国时，雅虎实际上拥有一个黄金机会。当时，Facebook的创始人马克·扎克伯格和他的团队正在寻求资金支持，以加速公司的成长和发展。雅虎有机会以10亿美元的价格收购这家初创企业——这本是一个可以改变游戏规则的机会。

然而，就在这笔交易即将成交的最后关头，出于某种原因，雅虎决定将报价从10亿美元削减到8.5亿美元。这一看似微小的变化，却导致了收购计划的彻底失败。Facebook的管理团队显然对这种突然的降价感到不满，认为这并不符合他们对公司价值的评估，因此拒绝了雅虎的出价。

随后的历史已经证明，Facebook不仅没有因为这次谈判的失败而停滞不前，反而迅速成长为社交网络领域的绝对霸主。它的用户基数不断扩大，功能不断丰富，商业模式也日益成熟，最终成了全球最具影响力的互联网公司之一。

与此同时，雅虎却未能在社交网络领域取得任何显著成就。它错过了与Facebook的合作机会，也错过了随社交网络浪潮一同崛起的机会。这一战略失误使得雅虎在随后的互联网竞争中逐渐失去了优势，无法再与其他新兴的科技巨头抗衡。

不过，历史也曾给过雅虎第二次机会，那就是跟上移动互联网的步伐，如果当时雅虎反应迅速，说不定今天的市场格局都会有所改变。

然而，在这个充满潜力的市场中，雅虎面对移动互联网的浪潮却显得反应迟缓。尽管雅虎拥有丰富的资源和庞大的用户基础，但在移动互联网产品和服务的开发上，它未能及时跟上市场的步伐，没有推出能够满足用户需求、具有强大竞争力的移动应用和服务。

这种迟缓的反应导致了雅虎在移动互联网领域的市场份额不断缩水。与此同时，一些新兴的企业，如Google和苹果公司等，凭借其敏锐的市场洞察力和创新能力，迅速推出了符合用户需求的移动应用和服务。这些应用和服务不仅功能强大，而且用户体验优越，吸引了大量用户，从而使得这些企业在移动互联网领域取得了巨大的成功，并且逐渐超越了雅虎，成为市场的领导者。

回顾过去，我们不难发现，移动互联网的兴起，无疑成了全球经济增长的新引擎。它打破了传统互联网的局限，使得信息的传播和获取变得更加便捷和高效。用户可以通过移动设备随时随地访问网络，享受各种在线服务和应用。这极大地丰富了人们的生活，同时也为企业提供了新的商业机会。

雅虎在这一领域的滞后，不仅使其失去了与竞争对手抗衡的能力，也让它错失了移动互联网带来的巨大商机。这个案例再次证明，在快速变化的科技行业，只有不断创新、紧跟市场趋势的企业，才能在竞争中立于不败之地。

客户管理，衣食父母要放心上

> 客户是企业生存与发展的衣食父母，妥善管理客户关系，是企业长青的秘诀。在客户管理上，企业应投入心力，深入了解客户需求，建立稳固的信任关系。通过个性化的服务、及时的沟通和专业的解决方案，不断提升客户满意度和忠诚度。同时，企业还需构建完善的客户反馈机制，将客户的建议和意见转化为产品与服务改进的动力。这样，不仅能确保客户的需求得到满足，更能在激烈的市场竞争中，为企业赢得口碑，稳固市场地位，实现可持续发展。

客户管理是一项至关重要的任务，它要求企业必须以极高的专业性和细致入微的关怀来对待每一位顾客。这是因为客户不仅仅是交易的一方，他们更是企业的衣食父母，是企业能够持续发展和繁荣的根本。因此，确保客户的满意度和忠诚度，为他们提供优质的服务和体验，就成了企业运营中的首要任务。

为了服务好这些衣食父母，企业需要建立一个全面的客户管理体系。这个体系应该包括客户信息的收集与分析、个性化服务的提供、客户反馈的及时响应以及客户关系的长期维护等多个方面。通过这样的体系，企业可以更好地了解客户的需求和期望，从而提供更加贴心和定制化的服务。

例如，企业可以利用现代技术手段，如CRM（客户关系管理）系统来跟踪客户的购买历史、偏好和行为模式。这样的数据可以帮助企业在适当的时机向客户提供个性化的产品推荐或服务，从而增强客户的购买意愿和满意度。

同时，企业还应该注重建立起一种积极的沟通渠道，让客户能够轻松地提出他们的意见和建议。这不仅有助于企业及时改进产品和服务，还能够让客户感受到他们的声音被重视，从而加深他们对品牌的忠诚和信任。

戴尔科技（Dell Technologies Inc.）是一家全球知名的计算机技术公司，由迈克尔·戴尔（Michael Dell）创立。作为这家公司的创始人，戴尔不仅在商业界留下了深刻的印记，而且还通过他的创新思维，为行业带来了革命性的销售模式——直销模式。

直销模式是一种独特的商业策略，它允许戴尔科技绕过传统的零售渠道，直接与消费者建立联系。这种模式的实施，使得戴尔科技能够更加直接地了解客户的需求和偏好，从而能够提供更加个性化的服务和产品。通过与客户的直接沟通，戴尔科技能够快速收集反馈，并据此调整其产品线和营销策略，以满足市场的不断变化。

直销模式还赋予了戴尔科技在供应链管理上的巨大优势。由于省去了中间环节，公司能够更有效地控制成本，减少库存积压，并确保产品的快速交付。这种模式使得戴尔科技能够在竞争激烈的市场环境中保持灵活性和效率，快速响应市场变化和客户需求。

简而言之，戴尔的这种创新方法不仅改变了戴尔科技的业务运作方式，也对整个计算机行业产生了深远的影响。直销模式的成功实施，使得戴尔科技成了全球最大的个人电脑制造商之一，并且拥有了广泛的客户基础。

耐克（NIKE）这一全球知名的体育品牌，其背后有一位非常关键的人物，那就是创始人菲尔·奈特（Phil Knight）。他不仅仅是一个商业品牌的缔造者，更是一个对体育产业有着深远影响的思想家。菲尔·奈特通过一系列创新而巧妙的营销策略，成功地将耐克打造成了体育用品界的巨头。

在耐克的成长过程中，菲尔·奈特展现了他对市场营销的独特见解和敏锐洞察力。他不仅关注广告的传统渠道，更是利用各种创意活动，如赞助运动员和体育赛事，来提升品牌的知名度和吸引力。这些营销活动不单是简单的品牌曝光，它们往往与消费者的情感紧密相连，激发人们对运动的热情和对耐克产品的渴望。

更为重要的是，菲尔·奈特对于运动员需求的理解达到了一种深刻的层次。他知道，为了赢得运动员的心，就必须创造出能够满足他们实际需求的高品质产品。因此，他不断地推动公司研发新技术，改进设计，以确保耐克的产品能够为运动员提供最佳的性能和舒适度。这种以运动员为中心的设计理念，让耐克赢得了无数专业运动员的信任和支持。

正是这种对市场的深刻洞察，以及对运动员需求的精准把握，使得菲尔·奈特能够建立起强大的客户关系网。他的这些努力不仅让耐克成了一个市值上千亿美元的企业，更让它成了全球体育文化的一个重要组成部分。如今，耐克的标志已经成为运动时尚的象征，而这一切，都离不开菲尔·奈特的远见卓识和不懈努力。

雷德·哈斯汀斯（Reed Hastings），作为网飞（Netflix）的联合创始人，他凭借对数据分析的深入理解和运用，成功地为公司带来了革命性的变化。在他的领导下，网飞不再仅仅是一个在线流媒体服务提供商，而是成了一个高度个性化的内容推荐平台。

哈斯汀斯深知，要在竞争激烈的娱乐行业中突围而出，就必须提供与众不同的用户体验。因此，他将数据分析置于公司战略的核心位置，通过收集和分析用户的观看习惯、偏好设置以及搜索历史等数据，网飞能够洞察到每位用户的独特口味。这些宝贵的数据帮助网飞预测用户可能感兴趣的新内容，并据此为他们推荐电影和电视节目。

这种基于数据的内容推荐系统极大地增强了客户与平台的互动。用户不需要再在海量的内容库中盲目搜索，而能够轻松发现符合自己口味的影视作品。这种个性化的推荐不仅节省了用户的时间，也显著提升了他们的观看体验和满意度。

网飞这种以数据为中心的策略，并不局限于个性内容的推荐，还可以通过利用数据分析来优化网飞的订阅模型，调整内容投资策略，甚至预测市场趋势。这种对数据的深度利用，使得网飞能够在不断变化的市场环境中保持领先地位，同时也为用户提供了更加丰富和精准的内容选择。

遵守法律，方能走得长久

> 在企业的发展征途上，遵守法律不仅是基本的社会责任，更是企业长远发展的坚实基石。唯有在法治轨道上稳健前行，企业才能赢得市场和公众的尊重与信任，构筑起良好的品牌形象。合法合规的经营，能够保障企业避免不必要的法律风险，减少经济损失，同时也为企业的创新和扩张提供了安全的环境。长远来看，企业对法律的尊重和遵守，将转化为持久竞争力，确保企业在风云变幻的市场中行稳致远，实现可持续发展。

在商业领域，法律不仅是一套规则和标准，更是企业和个人行为的指南。遵守法律，对于任何商业实体来说，都是基本的要求，也是确保其长期稳定发展的关键。法律规定了商业活动中的界限，明确了哪些行为是被允许的，哪些是被禁止的。只有在法律框架内进行经营，企业才能够获得社会的广泛认可，建立起良好的信誉和品牌形象。

遵守法律还有助于企业规避风险。商业环境中充满了各种不确定性，包括市场风险、财务风险以及合规风险等。通过严格遵守法律法规，企业可以有效避免因违法行为而引发的罚款、诉讼甚至吊销营业执照等严重后果，从而保护企业的资产和利益不受损害。

此外，遵守法律还能够促进公平竞争。法律为所有商业参与者提供了平等的竞争环境，确保每个企业都有机会在市场上展示自己的产品或服务。当所有企业都遵循相同的规则时，竞争就会基于创新、效率和服务质量，而不是通过不正当的手段来获得优势。这样的环境有助于激发企业的创新活力，推动整个行业的健康发展。

在商业运作中，任何试图走捷径、玩小聪明的行径，都可能最终导致严重的问题，给企业带来不可挽回的后果。建立一个成功的企业需要付出巨大的努力和时间，但毁掉一个企业却可能因为一时的疏忽或错误决策而发生。

在2018年的一个公开场合上，当时担任吉利汽车控股有限公司的执行董事以及董事会主席李书福，发表了一场极具洞察力的演讲。在这次演讲中，他明确指出了一个企业要想实现长期可持续发展，必须遵循的一系列基本原则和价值观。

首先，他强调了依法合规、公平透明的重要性。李书福认为

"依法合规、公平透明"是企业稳固发展的基础，是企业能够在激烈的市场竞争中立于不败之地的根本。他提醒企业家们，只有在法律框架内进行经营，才能确保企业的每一步发展都是坚实可靠的。

其次，他提到了"以人为本"的理念，强调企业的发展离不开员工的辛勤工作和智慧贡献。企业应当尊重员工、关心员工，为员工提供一个公平、公正的工作环境，这样才能激发员工的潜能，推动企业向前发展。

随后，他提出了"合作共赢"的观点，指出在当今经济全球化的大背景下，企业之间不应该是零和游戏的竞争关系，而应该是寻求合作，实现互利共赢的伙伴关系。通过合作，企业可以共享资源，共同创新，实现共同发展。

最后，李书福强调了做企业要有如履薄冰的谨慎态度，时刻不能忘记合规的重要性和法律的严肃性。他呼吁企业家们要有长远的眼光，不断学习，不断提高自己的法律意识和风险控制能力，确保企业在复杂多变的市场环境中稳健前行，实现可持续的长期发展。

李书福说："企业长期可持续发展的前提必须是依法合规、公平透明，必须以人为本，合作共赢。在经济全球化的今天，任何的小聪明，都有可能变成严重的问题，产生严重的后果。做成一个成功的企业很难，毁掉一个企业的前途却很容易。所以，做企业必须天天如履薄冰，时刻牢记合规的重要性、法律的严肃性。"

纵观吉利汽车30余年的发展历程，我们可以看到一个民族品牌如何在全球汽车产业中崭露头角,成为世界级的汽车制造商。在这个过程中,吉利不仅经历了多次经济周期的起伏,还见证了汽车产业的多次重大变革。然而,无论环境如何变化,吉利始终坚持自己的发展道路,走出了一条独具特色的造车之路,让世界见证了中国品牌的力量。

这背后的成功,首先得益于吉利对实体经济的坚守。在全球经济波动和产业升级的背景下,吉利始终将重心放在实体经济上,不断加大投入,确保产品质量和技术革新。同时,吉利坚持走科技创新之路,通过持续的研发投入,推动了汽车技术的进步,为消费者带来了更先进、更环保、更安全的汽车产品。

此外,吉利的成功也与其严格遵守法律法规的底线和底层逻辑密切相关。在李书福的领导下,吉利始终坚持诚信经营,合法合规,这种坚守不仅赢得了消费者的信任,也为企业的长远发展奠定了坚实的基础。李书福的企业家精神和对于守法依规的坚持,使得吉利这艘"汽车巨轮"在风浪中始终保持着稳定的航向。

在当前的时代背景下,中国汽车品牌在新能源汽车领域取得了显著的成就,靠自主创新赢得了领先的地位。这些汽车品牌不仅在国内市场上取得了优异的成绩,还在"走出去"的道路上展现出了强大的实力和决心。在全球化的大潮中,中国汽车品牌正积极融入全球汽车产业链,与国际品牌同台竞技。

无论是在国内市场还是国际市场,中国车企都面临着实力的检验和合规底线的考验。只有坚持"守法诚信、合法合规",自主车企才能充分发挥自身的技术优势,赢得国内外消费者的认可，构建起行业的良好生态。这不仅是对车企个体的要求，也是对整个行业健康发展的期望。

"我们要坚持走自己的路。"李书福认为汽车工业是没有尽头的马拉松赛跑，短暂的狂飙很难保证长期可持续发展。只有坚持正确价值观，站在道德高地上，依法合规经营，企业才能走得更远。

实际上，对于任何领域、任何企业来讲，都是如此。李书福的话语对各行各业的经营者与企业家都是一声警钟。

唯有遵守法律，恪守住道德的底线，企业才能走得长远，走得长久。